나의 하루가 글이 된다면

타인의 마음에 공감하고
자신의 생각을 잘 표현하고 싶은
제법 괜찮은 누군가에게

나의 하루가

글이 된다면

고정욱 지음

애플북스

머리말

"글이 안 써져서 죽겠습니다, 선생님."

나에게 글쓰기를 배우는 제자가 하소연했다.

"몰아서 쓸 생각하지 말고 매일 조금씩 쓰세요."

"에이, 어떻게 그럽니까! 자세 잡고 앉아서 집중해서 써야 하고 다섯 시간 정도를 할애해 놨는데 생각만 하고는 한 줄도 못 썼어요."

이런 고민이나 하소연을 많이 한다. 내가 알고 있는 90퍼센트 이상의 사람들이 시간을 정해 놓고 특정한 장소에서 정자세로 앉아서 글을 써야 한다고 생각한다. 이런 생각이야말로 가장 큰 오류다.

글쓰기는 삶의 일부인 것처럼 숨 쉬듯 편안해야 한다. 글 자체가 나 자신이어야 한다. 우리가 아무 때나 말을 하듯 아무 때나 글을 쓸 수 있어야 한다. 글이야말로 인간의 본성에 닿아 있는 가장 기본적인 자기표현 욕구기 때문이다.

어떻게 그렇게 많은 글을 쓸 수 있느냐고 사람들이 자

주 묻곤 한다. 비결은 너무 단순해서 비결이라고 말하기가 미안할 정도다. 매일 숨 쉬듯 글을 쓰면 되기 때문이다. 글쓰기는 내 삶의 기본이다. 강연이나 심사 같은 스케줄은 글 쓰는 내 삶에 잠시 끼어든 그저 작은 돌발변수일 뿐이다. 스케줄을 처리하고 나면 나머지 시간은 다시 자동으로 글쓰기의 시간이 된다.

30년간 이런 생활에 익숙해졌다. 이는 시간 날 때마다 목사님이 기도하고 성경을 읽거나, 스님이 염불을 외고 참선하는 것과 다를 바가 없다. 글쓰기가 기본적인 생활 습관이 되어야 한다. 그러지 않으면 글은 모이지 않는다. 수많은 상념과 잡다한 번뇌와 무수한 고민의 흔적들을 언제고 잡아내리려면 아침에 눈을 뜨는 순간부터 글을 쓰기 시작해서 펜을 내려놓으며 잠이 들어야 한다.

이 책은 바로 그런 나의 글쓰기 습관을 소개한 것이다. 글을 쉽게 쓰고 싶은 사람, 잘 써보고 싶은 사람, 많이 써보고 싶은 사람에게 지침이 되길 바란다.

2021 새봄 북한산 기슭에서 고정욱

차례

PART 1

Born to write

PART 2

Challenge

Born to write

읽기보다
쓰기가먼저다

전주에서 유치원을 크게 운영하는 H 원장은 나와 페이스북 친구다. 그녀는 탁월한 미모와 활달한 성격의 사업가 기질로 사업을 엄청나게 확장시켜 왔다. 엄마를 먼저 교육해야 한다는 전략을 사용해 "엄마들이 변해야 아이들이 변한다"는 패러다임을 유아교육에 적용시킨 사람이다.

한번은 그녀가 주최한 강연에 초대받아 간 적이 있다. 강사들은 주로 강연에서 얘기를 하는 쪽이다 보니까 청중으로 가서 강연을 들으면 무척이나 편안하고 즐거울 수밖에 없다. 또 강연하느라 애쓰는 강사들을 보면서 많은 것을 느끼고 배울 수도 있다. 강의를 해야 한다는 스트레스가 없는 것은 물론이다. 그날의 주제는 몬테소리 교육에 대한 것이었다.

이탈리아의 유아교육 전문가인 몬테소리 여사는 틀에 박힌 학교 교육에서 탈피하여 유아들에게 놀이를 통한 자발적인 교육이 가능하다는 이론을 만든 사람이다. 놀이를 통해 공부하는 습관을 들이면 아무리 산만한 어린아이라도 자발적으로 학습하며 수업이 끝나도 지치지 않는다는 거다. 자발적인 놀이를 통해 자연스럽게 학습 능력을 길러야 더 효과적이라는 연구 결과도 나왔다고 한다. 그러면서 강사는 유아의 인지능력 발달 단계에 대해 설명했다. 맨 처음에는 어른들의 말에 귀를 기울이고 말을 알아들을 때부터는 말을 하기 시작하고 조금 지나면 꼬물꼬물 뭔가를 그리고 쓰다가 마지막 단계에서 글 읽는 것을 배운다는 것이다. 이렇듯 유아의 인지능력 발달 단계는 듣기, 말하기, 쓰기, 읽기 순으로 이루어진다.

그동안의 통념이 깨지는 순간이었다. 나는 지금까지 쓰기는 읽기 다음 단계에서 일어나는 발달 능력인 줄 알았다. 남의 것을 많이 읽고 육화시키면 자동으로 내가 쓰고 싶은 단계에 들어선다고 알고 있었는데 이 고정관념을 몬테소리 여사가 깬 것이 아닌가! 가만히 생각해 보니 그 말이 맞는 듯했다. 뭔가를 써 놔야 읽을 것이 아닌가. 읽기부터 배운 다음에 쓰는 것은 인류의 발전 과정과도 맞지 않다.

이는 내게 굉장히 큰 영감을 주는 이야기였다. 많은 사람이 작가가 되고 싶어 하고 글을 잘 쓰고 싶어 하지만 흔히들 아는 게 별로 없어서 못 쓴다고 말한다.

"뭘 알아야지."

"책? 나 같은 사람이 무슨 책을 내!"

"나? 아유~ 나는 글 못 써."

수많은 글쓰기 강화책에서도 우선 많이 읽어야 쓸 수 있다고 강조하고 있다. 다독(多讀)이 가장 중요한 요소라고 말이다. 맞는 말이다. 하지만 이 다독 때문에 수많은 사람이 글 쓰는 것을 두려워하게 되었다. 일상 생활하기도 바쁜데 언제 책을 읽고 어디서 글을 쓴단 말인가. 무턱대고 많이 읽어야 한다는 말에 글쓰기 예비 지망생들은 기가 죽어 지레 포기하고 만다.

나까지 주야장천 책을 읽어야 한다는 소리는 하고 싶지 않다. 나야 물론 매일 책을 사 모으고 자료를 수집하기 위해 읽고 있지만, 역으로 쓰기 위해서 책을 읽는 것이다. 내가 작가가 아니었다면 이렇게 많은 분야의 책을 읽을 일이 있었을까? 아마도 내가 좋아하는 소설만 읽었을 거다. 이말은 쓰는 습관을 가질 때 비로소 읽을 필요도 생긴다는 의미다.

글 좀 쓰는 사람들을 보면 어려서부터 글을 잘 썼다고 하지 어려서부터 책을 좋아했다는 말은 하지 않는다. 쓰기와 읽기는 별개의 능력이다. 아는 게 없고, 지식이 부족하고, 경험이 적다는 생각이 타고난 쓰기 능력을 방해한다. 그런 것 없이도 쓸 수 있는 게 글이다. 작은 노트나 종이 한장, 연필 한 자루만 있으면 언제 어디서든 글을 쓸 수 있다.

동료 시인 K는 집안이 너무 어려워서 책 한 권 제대로 사 보지 못했다고 한다. 그랬던 그가 시인이 될 수 있었던 것은 연필 한 자루와 종이 한 장만 있으면 무엇이든 썼기 때문이다. 떠오르는 대로 쓰다 보니 어느 날 시 비슷한 것이 되었단다. 그렇게 무작정 쓰다가 동네에 사는 대학생 누나가 내다 버린 책 가운데 외국 시인들의 시집을 읽게 되었고, 탐닉하듯 접한 시집을 통해 문학적 갈증을 해소할 수 있었으며, 결국 시인의 길을 걷게 되었다고 한다.

글이 모이는 습관은 글 쓰는 습관으로부터 시작된다.

누구에게 보여줄 것도 아니고 자랑할 일도 아니니 군소리 말고 끄적끄적 쓰는 습관부터 들여야 한다. 낙서여도 좋고, 남의 글을 베껴 써도 좋다. 박식한 지식인이나 인문학자만이 글 쓰는 게 취미일 필요는 없다. 쓰는 것은 우리의 본능이고, 몬테소리 여사가 말했듯 즐거운 놀이다. 개인의 잠재된 능력을 기를 수 있을 뿐만 아니라, 자발적으로 자기통제를 가장 잘 할 수 있게 하는 것 또한 글쓰기다.

책 살 돈으로 마음에 쏙 드는 다이어리를 하나 준비해 거기를 나의 이야기들로 채우자. 책이 뭐 별건가? 그렇게 쓴 내 이야기가 바로 책이다.

글쓰기는 성장하는 것이다

　글쟁이의 삶은 책으로 미어터지는 서재를 어떻게 유지 관리하느냐에 달려 있다고 해도 과언이 아니다. 이름이 조금 알려졌다고 출판사에서 각종 신간 서적을 보내오곤 한다. 또 만나는 사람마다 자기가 쓴 책을 선물하기도 한다. 어디 그뿐인가. 수시로 정기간행물이 배달되어 온다. 하지만 늘 이렇게 쌓이고 쌓인 책들이 미어터지기 직전까지 가야 비로소 정리를 시작한다.

내 인생의 최애 소재인 책을 왕창 정리한 적이 딱 두 번 있다. 나는 문학청년이었던 대학생 때부터 모았던 책들을 워커힐에 있는 정립회관 작업실에 마음껏 쌓아 놓고 있었다. 10평 정도 되는 사무실 사면을 책장으로 빙 둘러놓았는데 다 읽지도 않으면서 사무실을 방문하는 사람들에게 과시용으로 보여주고 싶었던 건지도 모른다. 그러다 10년 뒤 작업실을 빼줘야 하는 상황이 되었다. 집으로 들어와야만 했는데 그때의 해결책은 책을 처분하는 것뿐이었다. 하는 수 없이 반 넘는 책들을 다른 곳으로 떠나보냈다. 대학원을 다니면서 공부했던 전공서와 학술서가 주 처분 대상이었다.

두 번째 책 정리는 집으로 가지고 들어온 책들이 또 늘어나기 시작해 방 세 개를 점령하고 난 다음이었다. 방 하나만 서재로 쓸 결심을 단단히 하고 거의 모든 책을 내다 버렸다. 남긴 것은 내가 쓴 책들뿐이었다. 300권 넘게 책을 썼으니 내 책만으로도 방 하나가 꼭 찰 지경이었다.

그때 끄집어냈던 자료 가운데 가장 눈에 띄는 것이 대학교 때 쓴 일기장이었다. 순간 그 일기장을 선물했던 우리 과 여학생이 떠올랐다. 내게 무슨 특별한 감정이 있었는지, 아니면 내가 잘해 줬다고 생각해서였는지 연말 선물로 커다랗고 두꺼운 일기장을 보내왔다. 그렇게 받은 일기장을 소중히 간직하며 나는 생전 안 쓰던 일기를 썼다.

나는 원래 일기 쓰는 걸 좋아하지 않았다. 써보려고 애는 썼지만 이상하게 일기는 내가 좋아하는 장르가 아니다. 그 이유는 어릴 때부터 학교 선생님께 검사를 받아야하는 숙제였기 때문이다. 학교에서나 군대에서나 일기와 일지는 누군가를 위해서 쓰는 것이지 나를 위해 쓰는 것이 아니었기 때문에 자발적으로 쓰는 일이 별로 없다.

각설하고, 일기장을 선물 받고 몇 달간 꾸준히 일기를 썼던 것 같다. 뭐라고 썼나 하고 펼쳐 본 순간 내 얼굴은 숯불이라도 얹어 놓은 듯 확 달아올랐다. 졸렬하기 짝이 없는 대학생의 단순하고 거친 문장들뿐이었다. 검사받는 일기에서 크게 벗어나지도 않았다. 깨달음에 대한 성찰도 아름다운 향기도 없는 무미건조한 문장들이 요동치고 있었다. 내다 버려야겠다고 생각했다. 부끄러워서 찢어 버릴까 하고 망설이기도 했다. 하지만 나는 이내 300권 이상 쓴 나의 책들이 바로 그 졸렬한 문장으로 가득한 일기에서 출발했다는 사실을 깨달았다. 그 졸렬한 문장이 나를 여기까지 오게 만들었다. 이런 내가 작가의 길을 걸어왔다면 다른 사람도 할 수 있지 않을까? 나는 지금도 그 일기장을 내 방 한구석에 소중하게 간직하고 있다. 그걸 볼 때마다 나의 출발점을 다시금 깨닫곤 하기 때문이다.

글은 연습하지 않으면 늘지 않는다. 잘 쓰려고 애쓰지 않으면 잘 쓸 수 없다.

너무 단순명료하다. 너무 간단해서 좋다. 글이란 그런 것이다.

내 서재는 또다시 늘어난 책들로 미어터지겠지만 하나뿐인 그 일기장은 버리지 않으리라. 일기 쓰는 습관으로 인해 내가 작가가 되었다고 말할 수 있으면 오죽이나 좋을까! 하지만 그렇지 않다. 그때 이후 나는 일기를 쓰지 않는다.

그렇다고 일기의 효능이 떨어지는 것은 아니다. 분명히

일기 쓰기는 글을 모으는 습관 중 최고의 습관이긴 하다. 사람에 따라, 성향에 따라, 기질에 따라 다를 뿐이다. 나만의 글쓰기 방법을 찾는 노력이 필요한 이유가 바로 그것이다.

남의 생각도 내 것으로 만들자

"L은 술을 마시다가도 우리가 뭘 얘기만 하면 돌아앉아서 그 얘기를 메모했다고. 하하하!"

지금은 고인이 되신 스승 김구용(金丘庸) 시인은 내 손을 움켜쥔 채 이렇게 과거를 회상하시곤 했다. 대학원에 다니던 시절 세배를 하러 가면 구용 선생은 막걸리 몇 잔에 취해 과거 문단에서 있었던 야사를 들려주셨다. 6·25 전쟁 때 부산으로 피난 간 문인들이 오랜만에 만나 술자리를 하며 대화를 나눌 때였는데 L은 사소한 이야기 하나도 놓치지 않고 도움이 될 만한 것들은 모조리 적고 메모를 했다는 것이다.

그런 L은 지금 우리나라의 최고 원로 석학이 되었다. 많은 후학들이 그분을 존경하고 우리의 나아갈 바를 제시하는 능력 또한 그 연세에 조금도 뒤처지지 않는다. 나는 그런 지식의 원천이 바로 메모하는 습관이라는 걸 알고 있다. 작가가 되겠다고 작정한 자에게 인풋이 없으면 아웃풋이 나올 수 없다. 어설프게 남이 쓴 글을 흉내 내봐야 그때뿐이다. 깊이가 접싯물 정도면 웅숭깊은 내용이나 사상이 글에 깊게 밸 수가 없다.

대학교 3학년 때 들었던 신문 문장론 수업은 나의 삶을 바꿔 놓았다. 당시 강사였던 오소백 선생은 현직 프리랜서 기자로 몇십 년간 신문사에서 기자 생활을 했던 양반이다. 첫 수업 때 그는 자신이 가지고 다니는 수첩을 우리에게 보여 주었다. 기자들이 쓰는 스프링 달린 평범한 수첩이었다. 그는 그 수첩을 늘 가지고 다닌다고 했다.

"본 것, 들은 것, 느낀 것, 무엇이든 메모하고 적어야 합니다."

순간 나는 잠자리채가 생각났다. 허공에 날아다니는 수없이 많은 잠자리를 몇 마리라도 잡으려면 맨손으로는 어림도 없다. 잠자리채가 있어야 한다. 그리고 그 잠자리채를 잠시도 쉬지 않고 수없이 휘둘러야 한다. 수첩은 그 잠자리채나 마찬가지다.

그날부터 나는 메모하는 습관을 들이기 위해 노력했다. 그때부터 시작된 메모 습관은 어언 40년 가까이 이어지고 있다. 내 주위를 떠도는 수없이 많은 일상의 명언과 깨달음과 서술과 묘사를 일부라도 잡아채 내 수첩에 기록하려고 한다. 그래야 그것들이 비로소 내 것이 되기 때문이다.

누군가를 기다릴 때, 무료할 때, 일과 일을 하는 사이 조금 짬이 날 때, 딱히 할 일 없이 멍하니 있을 때 메모를 하면 그 빈틈을 촘촘하게 채워 나갈 수 있다. 별거 아닌 작은 알갱이 같은 나의 사유와 생각들이 굵은 돌멩이 사이에 끼워지는 것 같겠지만 사실 큰 돌멩이가 흔들리지 않도록 지탱해 주는 건 바로 그런 작은 알갱이들이다.

내 것이 아니어도 좋다. 어디서 들은 이야기건 신문이 건 잡지건 방송이건 인터넷이건 SNS건 감흥을 일으키는 것이 있다면 무조건 기록해 둬라.

그리고 거기에 내 생각을 꼭 덧붙여야 한다. 그 의미 를 더 깊이 파야 한다. 일부러 시비를 걸어 보는 것도 좋 다. 의미를 확장시킬 수 있어야 한다. 유사한 것을 만들어 낼 수 있어야 한다. 이런 짓을 계속해서 하다 보면 어느 순 간 순수한 자기만의 생각 비슷한 것이 나오게 된다. 어설 프지만 새로운 명언이 만들어지고 새로운 깨달음이 온다. 바로 말이, 언어가 내 것이 되는 순간이다. 오래 고민해서 만들어낸 나만의 오리지널이다.

예를 들면 이런 거다. 글을 쓸 때는 확고한 견해를 가지 고 강력하게 자신만의 한방을 내밀어야 한다. 이것도 좋 고 저것도 좋다는 식의 글은 필요 없다. 주제를 하나 정해 서 끝까지 밀고 나가야 한다. 반대 의견이 있으면 싸워야 하고, 동조하는 견해는 받아들여야 한다. 말은 이랬다저랬 다 할 수 있지만 글은 그래서는 안 된다.

이런 생각을 나는 수첩에 메모해 놓았다.

말은 연애고 글은 결혼이다.

강연에 가서 이야기를 할 때면 나는 세계 최고의 대학을 '들이대'라고 이야기한다. 용감하게 원하는 것을 향해 돌진한다는 의미다. 결과는 고민할 필요가 없다. 들이대라는 말을 유머 삼아 쓰기 시작하자 사람들로부터 좋은 반응이 나왔다.

이 말을 제일 먼저 썼던 K 시인을 만나서 이야기를 나눌 때였다. 그는 역시 언어의 마술사다웠다.

"들이대는 세계 최고의 대학이야."

한 마디 툭 던지는 게 아닌가. 옳다구나 이거다 싶어 나는 아이들에게 용기를 줘야 할 필요가 있을 때면 이 얘기를 써먹었다.

그러던 어느 날 H 출판사 사장을 만나 이런저런 이야기를 하는데, 내가 하도 들이대라고 하고 들이대다 실패하면 아니면 말고라고 하자 그가 되받아쳤다.

"선배님, 그러면 세계 최고의 대학교는 들이대고, 최고의 고등학교는 아니면 말고인가요?"

"얼씨구!"

그 순간 나는 재빨리 메모를 했다. 이렇게 해서 들이대와 아니면 말고 세트가 완성되었다. 그 뒤 나는 세계 최고의 중학교인 '열공중'과 최고의 초등학교인 '인동초', 최고의 유치원인 '동심원'까지 만들어 강연할 때마다 써먹고 있다.

이렇게 누군가가 툭 던져 준 한 마디가 깨달음이라는 우주의 문을 여는 열쇠가 되기도 한다. 메모하지 않으면 이 열쇠를 내 것으로 만들 수 없다. 메모하고 또 메모해야 한다. 그리고 메모한 것 자체만으로도 써먹을 수야 있겠지만 더 좋은 제품으로 가공해야 한다.

인도네시아는 우리에게 원목을 수출하다 이제는 나무를 가공해서 가구와 합판을 만들어서 판다. 수익이 증대된 것은 말할 것도 없다. 한때 세계 제일의 합판 생산국이었던 우리는 이제 그 자리를 넘겨주었다. 그들 스스로 자기네 재료를 가공할 수 있는 능력이 생겼기 때문이다.

메모는 원석이다. 수많은 원석을 잠자리채로 후려쳐야 가공할 수 있는 재료가 된다. 하지만 이건 다 공짜다.

L 선생은 아마 지금도 어딘가에서 열심히 메모를 하고 있을 것이다. 지식계의 엄청난 대도(大盜)라 하지 않을 수 없다.

등단에 목매지 마라

대학원 박사과정에 있던 어느 날 계간지 〈H 문학〉 주간인 I 씨로부터 만나자는 연락이 왔다. 나는 가슴이 뛰기 시작했다. 〈H 문학〉은 H 출판사에서 발간하는 문학잡지다. 참신한 잡지를 발간하는 곳에서 신인 작가를 모집한다고 하기에 소설 몇 편을 선별해 보냈다. 하지만 뽑히지는 않았다. 문학 공부를 하던 20대에도 나는 습작을 멈추지 않는 학생이었다.

설레는 마음으로 그를 만나기 위해 약속 장소로 갔다. 이제야말로 등단하는 건가 싶은 기대도 없지 않았다. 가슴이 설레었다. 그토록 꿈에 그리던 작가의 길로 접어드는 건가 싶었기 때문이다. 그때는 잡지사 주간이 추천해 주면 바로 소설가가 될 수 있었다.

식사 자리에 나온 I 주간은 나를 반갑게 맞아 주었다. 그는 내가 다니는 학교의 교수들과도 친분이 있었다. 내가 국문과 박사과정 다닌다는 말을 듣더니 대단히 반가워했다. 나는 조심스럽게 내 작품이 어떤지 물어보았다. 그러자 그는 고개를 좌우로 꼬며 이렇게 대답하는 것이었다.

"아직 뭔가가 조금 부족해요. 아, 뭔지는 잘 모르겠어."

환장할 노릇이었다. 부족한 걸 말해 줘야 채우든가 보충을 하든가 할 것이 아닌가.

"좀 더 노력해 보겠습니다."

답답했지만 이렇게 대답하는 게 내가 할 수 있는 최선이었다.

과거에는 작가가 되어도 글을 발표할 지면이 별로 없었다. 작품을 실을 수 있는 곳이 잡지나 신문 이런 것들뿐이었기 때문이다. 물론 책을 내 작가로 인정받는 길도 있었지만 그리 흔한 경우는 아니었다. 그리고 왠지 등단을 하고 인정을 받아야만 정식 작가가 된 듯한 불문율 같은 것이 있었다. 지금도 그렇게 생각하는 사람들이 있긴 하다.

결국 나는 코앞까지 다가왔던 등단의 기회를 놓치고 다시 절차탁마(切磋琢磨)의 혹독한 시간을 보내야만 했다. 마치 100만 년 만에 한 번 오는 조수 간만의 차를 이용해 섬에서 탈출하려던 죄인이 물때를 놓친 기분이었다. 다시 100만 년을 기다려야 하는 게 아닌가 싶었다. 그리고 그로부터 5년여의 세월이 지난 뒤 비로소 나는 〈문화일보〉 신춘문예에 단편소설 〈선험〉이 당선되어 등단하였다.

요즘은 등단의 의미가 많이 퇴색되었다. 우선 등단할 수 있는 지면이 많아졌다. 문학잡지만 해도 수백 개가 넘고 신문사에서도 매년 새해 신춘문예를 공모하고 있다. 어디 그뿐인가. 수많은 공모전이 있어 글을 발표할 기회가 지천으로 깔려 있다. '엽서시'나 '브런치' 같은 앱에서도 수시로 새로운 작품을 모집해 언제든 작가가 될 기회를 제공하고 있지 않은가. 그뿐만이 아니다. 페이스북이나 인스타그램 같은 각종 SNS도 글을 쓸 수 있는 좋은 지면이라 할 수 있다. SNS에 글을 꾸준히 올려 작가가 된 사람도 있다.

게다가 웹소설 시장이 커지다 보니 중학생이나 고등학생들도 작가가 돼서 큰돈을 번다는 얘기를 들었다. 이는 모두 글을 실을 지면이 확대되고 보편화했기 때문이다. 글을 지면에 싣는 건 더 이상 자랑거리도 아니고 권력을 갖는 것도 아니다.

어디건 글을 실을 수 있는 곳이 있다면 그곳은 우리의 놀이터가 되고, 나는 곧 작가인 셈이다.

내 글을 읽어 주는 독자가 단 한 명이라도 있다면 지금 동시대에 살고 있지 않더라도 언젠가 나는 작가다. 윤동주 역시 자기 시를 정성껏 옮겨 쓴 육필시집 한 권이 바탕이 되어 현재 온 국민에게 사랑받는 국민 시인이 되었다. 그는 살아생전에는 자신의 시를 세상에 알리지 못했다. 오죽 발표할 지면이 없었으면 노트에 글을 써서 직접 시집을 만들었겠는가.

글의 출발은 늘 이렇게 소박하고 단순하다. 엄청나게 거창하고 대단한 면류관을 써야만 하는 것이 아니다. 글쓰기를 생활화해야 한다. 손에 들고 있는 핸드폰과 패드, 노트북 컴퓨터… 이 모든 것이 볼 때마다 자기를 이용해서 글을 써 달라고 물끄러미 바라보고 있지 않은가. 어디 그뿐인가. 노트, 수첩, 각종 필기구 또한 여기저기 널려 있다. 글을 쓸 도구가 없어서 글을 못 쓴다는 말은 핑계다. 언제 어디서든 우리는 글쓰기 유목민이 될 수 있다.

나는 해외여행 갈 때 노트북과 패드, 휴대폰을 모두 가지고 간다. 아무 곳에서나 노트북을 펼쳐 글을 쓰고, 스마트폰으로 SNS에 여행기를 올리며, 패드로 그림을 그려 거기에 글을 써넣는다. 글을 쓸 수 있는 도구는 이제 무한히 확장되었다. 쓰기만 하면 된다. 아무 데서나 끄적거리는 습관, 이것이야말로 세계를 내 손에 쥐고 요리하는 습관이다. 세계를 창조하는 습관이다.

나 역시 한때 도서관이나 내 방에서만 글이 잘 써지는 줄 알았다. 그러다가 일정이 너무나 급해 할 수 없이 카페

나 공원에서 글을 쓸 수밖에 없는 상황에 맞닥트렸다. 노트북 화면이 열리고 글을 쓸 여백이 드러나는 순간 그곳이 어디든 그곳은 나의 작업실, 나의 서재가 되어 주었다. 오히려 새로운 분위기로 인해 글이 더 잘 써졌다. 심지어 새로운 생각도 솔솔 생겨났다.

특별한 곳에 가서 자세를 잡고 앉아야만 글이 잘 써진다는 사람은 아마추어다. 언제 어디서건 뭐든 써낼 수 있어야 한다. 원하는 것이라면 무엇이든. 전 세계를 다니며 어느 곳에서든 글을 써서 원고를 보내는 하루키나 선망하는 다른 작가들처럼 우리도 글을 쓸 수 있다.

나는 《까칠한 재석이가 깨달았다》 초고를 필리핀에서 썼다. 매일 밤 호텔 방에서 핸드폰 앱을 켜서 녹음하고 수정하는 작업을 거쳤다. 원고 작업을 마치자 방을 같이 쓰던 K 시인이 계속하라고 했다. 라디오 드라마를 듣고 있는 것 같아 재미있다는 것이었다. 그러고 보니 내 작업은 딱 드라마를 보거나 소설을 낭송해 주는 것과 흡사하다.

등단은 골머리 싸매고 죽기 살기로 매달릴 일도, 돈 주고 살 일도 아니다. 그것은 누군가에게 인정받는 작은 수

단일 뿐인데다 그 영향력 또한 점점 줄어들고 있다. 이제는 누구나 작가가 될 기회가 눈앞에 펼쳐져 있다.

다른 평론가 선배가 나중에 말해주길 I 주간이 그런 식으로 모호한 태도를 보인 것은 아마도 내 작품을 읽지 않았기 때문일 거라고 했다.

독
자
구
함

얼마 전 지인인 K 시인 사무실 앞에서 그를 만나 식사를
하러 갔다. 그의 사무실 옆 술집 간판 이름이 특이했다.

〈손님 구함〉

알바 구함은 많이 봤지만 손님 구함은 처음 보는 문구
여서 신선하고 재미있었다. 그 술집 사장은 분명히 문학

적인 뉘앙스나 아이디어가 있는 사람인 듯했다.

그렇다. 손님은 모든 가게가 구하고 있다. 하지만 너무나 당연해서 손님을 구한다고 써 붙이진 않는다. 가게에서는 당연히 손님을 구하니까 말이다. 손님 없는 가게는 의미가 없다. 그래서 나는 〈독자 구함〉이라는 작품을 쓰게 되었다. 독자를 구하는 곳은 어디인가? 서점이다. 동네에 있는 작은 서점이 장사가 너무 안돼서 독자를 구한다는 내용이다. 그러나 가만히 생각해 보면 독자를 구하는 사람은 서점 주인뿐만이 아니다. 작가도 마찬가지다.

글 쓰는 사람에게는 독자가 필요하다.

내가 운영하는 글쓰기 프로그램 〈문장아고라〉에 글을 배우겠다고 찾아오는 사람들은 기본적으로 자기 자신을 위해 글을 쓴다. 뭔가 쓰니 좋고, 쓰다 보니 치유가 되고, 치유가 되다 보니 글쓰기에 관심을 갖고, 그렇다면 제대로 배워볼까 하고 나를 찾아오는 거다. 그러나 어느 단계가 지나면 거기에 만족할 수가 없다. 남에게 글을 읽어 보게 해 평가받고 싶은 게 인지상정이다. 그게 글의 속성이다. 지극히 당연하다. 누군가에게 할 말이 있으니 글을 쓰지 않겠는가.

나의 지론은 이거다. 글은 누구를 위해 쓰는가? 독자를 위해 쓴다. 독자를 구하는 글을 써야 한다. 봐줄 사람을 위해 그림을 그려야 하는 것이다. 아무리 숭고하고 아무리 고상한 글이어도 독자가 없으면 버림받은 글이 된다. 독자지상주의가 되라는 뜻은 아니다. 독자는 다양하다. 수준도 다양하다. 나의 글을 읽어 주는 단 한 명의 독자만 있어도 글 쓰는 사람은 힘이 난다. 출판사에서도 꼭 읽을 독자가 몇천 명만 있으면 책을 내준다.

대학교 때 나는 내가 쓴 소설을 읽어 줄 사람이 필요했다. 학교 신문에 응모하기 전에 누군가의 의견을 듣고 싶었기 때문이다. 복학생이었던 P 형에게 읽어 달라고 했더니 그는 기꺼이 내 원고를 읽어 주었다. 그리고 의견을 말해 주었다.

"주인공이 슬프고 속상하고 우울하다고 했는데 그걸 직접 말로 표현하는 건 곤란해."

"왜요?"

"슬프고 우울하고 속상하다는 것을 필자 스스로 말할 게 아니라 독자가 느끼게 해야지. 자기 입으로 말해 버리면 김새잖아."

놀라운 가르침이었다. P 형은 문학평론가도 아니고, 전공도 어학이었는데 국문과 학생이라 그 정도 안목이 있었던 것 같다.

나는 독자들을 슬프게도 기쁘게도 감동받게 하려고도 애쓴다. 나 혼자 흥분하고 감상에 빠져 봤자 독자들은 절대 동조해 주지 않는다. 글솜씨가 늘려면 이러한 독자들이 주변에 있어야 한다. 한두 명만 있어도 나의 글은 좋아진다. 언제든 내가 쓴 유치한 글을 읽어 줄 사람, 친구여도 좋고 애인이어도 좋다. 애정을 가지고 내 글을 읽어 주고 조언해 줄 사람 그리고 그의 조언이 상처가 되지 않고 나의 발전에 도움이 될 사람, 그런 사람이 필요하다.

나에게 글을 배우고 있는 P 씨가 어느 날 이런 말을 했다.

"제가 쓴 소설을 주변 친구들에게 읽어 보라고 했는데 깜짝 놀랐어요."

그들의 지적과 안목이 너무나도 전문적이라는 거다. 독자 수준은 이렇게 높다. 가끔은 글 쓰는 사람의 뼈를 때릴 정도다. 번뜩이는 안목과 날카로운 돌직구 같은 지적은 아프지만 작가를 성장케 한다.

탤런트 P 씨는 연기를 할 때 늘 자기 친구를 데리고 가는데 그가 연기 선생님이라고 한다. 그리고 출연료를 받으면 그 사람 몫도 챙겨준다는 것이다. 현장에서 자기의 연기를 봐주고 끊임없이 지적해 주고 고쳐 주는 디렉터 역할을 하기 때문이다. 그런 노력과 용기가 있기에 그의 연기는 언제나 빛을 발한다.

내 글을 기다려 주는 독자가 한 명이라도 있으면 내 글은 크게 성장할 수 있다. 부끄러움 없이 보여주고 그들이 지적한 부분을 인정하고 고칠 수 있는 용기만 있으면 된다. 어서 내 마음에도 '독자 구함' 간판을 내걸어야겠다.

| 역 |
| 지 |
| 사 |
| 지 |
| 의 |
| 습 |
| 관 |

　내 입장에서 세계를 바라보는 것을 세계관이라고 한다. 내가 기준이 되고 내가 우주의 중심인 것이다. 나의 삶이 독특하고 개성 있으며 그 누구와도 같지 않다면 나의 시각과 생각은 독창적일 가능성이 크다. 사람들에게 신선하다는 이야기도 들을 것이다. 하지만 나 역시 제도권 교육을 받았고 어려서부터 이 사회가 규정한 틀 내에서 크게 벗어나지 못하는 삶을 살아왔다. 그나마 다른 사람보다

조금 더 독창적인 생각을 할 수 있는 것은 장애인이기 때문이다. 비장애인 시선이 아닌 장애인의 시선으로 세상을 바라본 덕분이다. 그럼에도 불구하고 여전히 계속해서 새로운 시각과 창의력을 가지려고 노력한다. 이건 죽을 때까지 해야 할 일이다.

나는 강연을 다닐 때 항상 KTX를 타고 다닌다. 밤늦은 시간이나 새벽에 피곤하고 지친 몸으로 서울역이나 용산역에 내릴 때가 많다. 어서 집에 가서 쉬고 싶은 생각밖에 없는데 어느 날 문득 내가 부산에서 타고 올라온 KTX 기차 옆면 행선지 전광판이 바뀌는 것을 보았다. 서울행이었던 것이 부산행으로 바뀌었다. 순간 KTX 기관차 입장이 되어 생각해 보았다. 만들어진 뒤 폐기될 때까지 기관차는 쉬지 않고 달린다. 낡은 부품을 교체하고 또 달린다. 사용 가능 연한이 언제인지는 모르겠지만 2004년에 도입돼 본전의 몇 배를 뽑을 때까지 최선을 다하는 것이다. 죽도록 달리고 또 달리는 KTX 기차가 내 처지 같아서 나도 모르게 눈물이 핑 돌았다. 동시에 위안도 받았다. KTX도 저렇게 자신의 수명이 다할 때까지 열심히 달리지 않는가.

글이 모이는 습관 가운데 중요한 것 중 하나가 역지사지(易地思之)다.

이런 역지사지의 시선은 나에게 큰 도움이 된다. 내가 때려죽이는 저 모기 한 마리는 어떤 사연을 가지고 이곳에 왔을까? 어느 개골창에서 장구벌레로 지내다 탈바꿈을 해서 내게로 날아왔을까? 내가 먹는 이 밥알은 어느 지역에서 도정되어 내 식탁 위까지 올라온 것일까? 내가 만나는 저 사람은 또 어떤 사연을 가지고 나를 찾아온 것일까? 사람 한 명이 오는 것은 역사 하나가 오는 것이라는 말이 있지 않던가.

격물치지(格物致知)라고 했다. 세상의 이치를 관찰하고 궁리해서 깨달음을 얻어야 한다. 작가가 걷는 길은 모름지기 역지사지의 길이다. 상대방 입장을 헤아려야 하고, 상대방 입장에서 상상력을 발휘할 수 있어야 한다.

하지만 대부분의 사람은 그러지 못한다. 아직도 갈 길이 멀다. 습관처럼 내 입장에서만 세상을 본다. 나 역시 별반 다를 게 없다. 다시 한번 역지사지의 입장이 되어야 한다. 지금 이 글을 쓸 수 있도록 도와주는 나의 새로운 핸드폰은 나에게 얼마나 충성을 다하고 있는가. 음성입력을 텍스트로 바꾸느라 고생이 많다. 오래도록 쓸 수 있게 잘 관리해야 한다. 그러면 나는 이 녀석을 쉬게 해 줘야 하는가, 계속 가동해야 하는가. 어느 것이 이 물건을 위한 길인가 갈등하고 있다.

상처에
감사하라

인문학자이자 글쟁이 K 선생의 책을 읽다 보면 여러 곳에서 자신이 대학교수가 되지 못한 상처가 드러나 있다. 한두 번은 공감이 되는데 너무 자주 하소연을 하니 이건 뭔가 하는 생각이 든다. 얼핏 생각하면 교수가 되지 못한 것에 철천지 한이 맺혀 이러는구나 생각할 수도 있다.

하지만 다르게 생각하면 교수가 되지 못했던 그 아픔, 그 상처가 K 선생의 글쓰기의 원천이어서 그럴 수도 있지 싶다. 교수가 된다는 건 엄청난 시간과 노력을 투자하고도 될까 말까 한 아주 희박한 성공 확률에의 도전이다. 대학원을 다녀야 하고, 논문을 써야 하며, 오랜 시간 교수들 밑에서 수련을 하고, 학술대회에서 발표를 하며, 조교라든가 연구원 생활도 해야 한다. 이 모든 노력과 투자의 정점에 이르러야 비로소 대학교수가 될 수 있다. 어쩌면 피라미드의 꼭짓점 같은 것일 수도 있다. 같은 염원을 가진 수없이 많은 경쟁자를 딛고 올라서야만 교수가 된다. 상처 입는 사람이 더 많을 수밖에 없는 구조다. 교수가 한 명이라면 그 밑에서 교수가 되지 못하는 사람은 수백 명이니 말이다. 하지만 K 선생처럼 그 상처와 아픔을 글쓰기로 승화시킨 사람은 많지 않다.

나 역시 비슷한 경우긴 하다. 나는 교수가 되지 못한 것보다 장애인이라는 상처가 더 크다. 그 상처는 지금 현재 진행형이기도 하다. 장애는 더 나빠지면 나빠졌지 더 좋아지지 않기 때문이다. 그리고 장애로 인해 야기되는 갈등과 아픔과 고통은 끊임없이 새롭게 얼굴을 바꿔가며 나타난다. 이런 상처 때문에 죽고 싶다는 사람이 나올 수밖에 없다.

하지만 나는 장애라는 이 상처로 인해서 글을 쓰게 되었다. 많은 동화를 썼고, 적지 않은 칼럼을 썼다. 단행본도 우리나라에서 제일 많이 발간했다. 나는 그래서 속된 말로 장애 빼면 시체다.

젊은 날 고인이 된 소설가 C 선생이 장애가 있음에도 불구하고 글을 잘 쓴다고 칭찬해 줬을 때 발끈했던 적이 있다. 장애와 글쓰기는 아무 상관 없으니 그런 얘긴 하지 말라고 말이다.

지금 생각해 보면 그 말이 맞다. 장애야말로 나의 상처고, 그걸 통해서 오래오래 글쓰기를 하라는 축하의 메시지였는데, 당시만 해도 30대 중반의 아직 미숙하고 세상을 잘 모르는 내가 쓸데없는 자존심을 부렸던 것이다. 그때 후일담으로 C 선생이 내가 아직 갈 길이 멀다는 듯 고개를 저었다고 한다. 고인의 명복을 빈다.

상처가 있다는 것은 글 쓸 재료가 많다는 뜻이다.

섣불리 상처를 봉합하려 하지 마라. 상처가 생기고 그 뒤에 오는 고통, 회복, 치유의 과정 하나하나가 수없이 많은 글을 만들어낼 수 있는 이야깃거리다. 상처가 아물면 어찌해야 하는가. 잔인하지만 다시 후벼 파야 한다. 상처를 벌리고 그 상처에서 나오는 진물을 찍어 글을 써야 한다. 아무 상처도 없고 아무 아픔도 없는 자가 걸작을 남겼다는 말은 들은 적이 없다.

여러분에게 상처가 있다면 그 상처를 외면하지 마라. 덮지 마라. 있는 그대로 받아들이고 감사하자. 상처와 대화를 나눠라. 같은 상처를 가진 사람들에게 그 상처와 나눴던 이야기를 들려줘라. 그리고 그 상처를 어떻게 관리하고 어떻게 잘 보듬었는지 보여 줘라.

싱어송라이터인 신승훈은 젊은 시절 겪었던 단 한 번의 실연의 아픔을 가지고 지금까지도 수많은 곡을 쓰고 있다고 한다. 상처가 주는 기쁨이고 상처가 주는 선물이다. 글이 모이려면 내 상처를 소중히 여겨야 한다. 상처에 감사하자.

깨
달
음
의
습
관

　불교에서는 대오각성(大悟覺醒)이니 돈오(頓悟)니 하여
깨달음을 무척 중요하게 여긴다. 깨달은 자만이 성불(成佛)
할 수 있기 때문이다. 한 마디로 부처가 되는 거다. 승려들
이 오랫동안 참선하는 이유도 화두 하나를 붙잡고 깨달음
을 얻기 위해서다. 인간 삶이 진실로 인간다워지는 순간은
깨달음을 얻는 순간이다. 인간이 인간을 초월할 수 있는
것도 깨달음이 있기 때문이다. 깨달음 없는 삶은 의미가

없다. 깨달음이야말로 우리들이 지향해야 할 목표다.

어리석은 자들은 깨달음이 없기 때문에 아둔하다는 소리를 듣는다. 같은 실수를 반복하는 자들이 왜 지탄을 받느냐 하면 실수로부터 배우지 못하고 깨닫지 못하기 때문이다. 겨 묻은 상대방에게 손가락질하면서 자기 몸에 묻은 똥은 못 보는 자들도 깨달음을 얻지 못한 자들이다. 내로남불 역시 깨달음을 얻지 못한 자들의 행태다. 삶의 모든 문제가 깨달음을 얻지 못한 데서 비롯된다.

그렇다면 어떻게 깨달아야 하나? 언제 깨달음이 오는 건가?

일상은 깨달음을 위한 재료들로 가득 차 있다. 우리는 실수로부터 배우고, 성공을 통해 배우고, 책을 통해 배우고, 타인의 지적과 칭찬을 통해 배우며 깨닫는다. 글쓰기는 바로 이러한 깨달음을 담은 상자다.

작은 사건이나 에피소드라도 그것에서 나는 무엇을 깨달았는가를 반드시 적어 두어야 한다.

대학 시절 수학여행을 간 적이 있다. 모두 다 수학여행비를 내고 함께 출발하여 함께 돌아오는 여정이었는데 우리 과에 약아빠진 녀석 한 명이 자기는 수학여행에서 가장 피크인 마산에서의 나이트클럽 파티에만 참석하겠다는 것이 아닌가. 한마디로 즐거움만 뽑아 먹고 함께 다니는 고통과 번거로움은 나누지 않겠다는 거였다. 그러고는 마산에 가면 연락할 테니 자기와 합류해 달라고 했다. 과 대표였던 나는 그러겠다고 말은 했지만 내심 얄미운 생각이 들었다.

이후 우리는 일정대로 마산에 가서 나이트클럽에서 춤을 추고 놀았다. 그 친구 녀석에게 메모가 와 있을지도 모른다는 생각은 했지만 나는 그걸 애써 찾으려 노력하지 않았다. 호텔에 도착해서 메모가 있느냐고 물었더니 그런 건 없다고 했다. 오히려 잘됐다는 생각이 들었다. 핸드폰이나 삐삐가 없던 시절, 유선 전화기만 있던 때였으니 이렇게 약속이 어그러지는 일은 매우 흔한 일이었다.

수학여행을 마치고 학교로 왔는데 그 녀석이 나를 찾아와 항의를 했다. 자기가 메모를 남겼는데 왜 자기에게 연락하지 않았느냐는 거다. 나는 메모를 받지 못했다고 했다. 그건 사실이었다. 아마 중간에 메모를 전달하는 과정에서 문제가 있었던 모양이다. 녀석은 내 멱살을 잡으며 항의하고 화를 냈다. 친구들이 옆에서 말렸지만 그 녀석이 하도 밉상이어서 말리는 아이들도 내 심정을 이해하는 것 같았다.

그때 나는 그의 분노를 통해 깨달음을 하나 얻었다. 나는 그래도 명색이 과대표지 않은가. 밉상을 부리는 놈도 있고 협조하는 놈도 있다. 협조를 잘하는 구성원만 끌고 간다면 진정한 리더가 될 수 없다. 메모가 왔는지 수시로 확인하고 어떻게든 그 녀석과 만나려고 노력했어야 했다. 20대 초반의 나는 그렇게 미숙했다.

우리의 삶은 하루하루가 깨달음의 연속이다. 의식주에서부터 교우 관계, 가족, 직장, 경제적인 문제, 정치적인 문제에 이르기까지 수없이 많은 깨달음을 얻는다. 하지만 대개 그런 문제를 아무 생각 없이 흘려보낸다. 하나하나 깨달음으로 마무리 지어 놓지 않는다. 똑같은 24시간을 살면서 글쓰기 소재가 부족하다는 둥, 무얼 써야 할지 모르겠다는 둥 핑계만 댄다. 당연히 글감은 고갈되고 만다. 자세히 살피고 생각하며 깨달음으로 연결하는 훈련이 필요하다.

"아하!"

깨달음을 얻었을 때 터지는 탄성이다.

"그렇구나. 몰랐네."

이런 탄성이 내 입에서 자주 나와야 나의 삶이 깨달음으로 점철된다. 그 깨달음이 비옥한 글쓰기의 텃밭이 되어주는 건 물론이다.

PART 2

Challenge

공모전은
내 친구

문장 아고라는 내가 제자들을 모집해 글쓰기를 지도하는 수업이다. 총 12회 정도 가르치는데 1주나 2주에 한 번씩, 모두 12번 만나거나, 줌을 이용해 글쓰기를 봐준다. 수강생 중에는 글쓰기 경험이 있는 사람도 있고 난생처음 글을 쓰기 시작한 초심자도 있다. 따라서 편차가 크다. 하지만 개인 지도나 마찬가지기 때문에 각자 수준에 맞춰 지도한다.

인생은 그렇다. 전문가에게 지도를 받으면 뭐든 늘게 마련이다. 바보가 아닌 이상 지적받은 걸 고치다 보면 다시는 같은 실수를 반복하지 않기 때문이다. 그러면서 조금씩 글쓰기 방법에 대해 알게 되고 잘못된 습관 또한 고쳐진다. 그러나 한 편의 글을 쓸 정도가 되면 정체기가 온다. 문장을 다듬고 감동을 주고 메시지가 있는 글로 써나가는 것은 결코 쉬운 일이 아니기 때문이다. 업그레이드가 필요하다. 매번 써오는 글마다 빨간 펜으로 마구 첨삭, 수정 당하니 의기소침해지는 것 또한 당연하다.

그럴 때 내가 쓰는 비법이 있다. 바로 공모전이다. 글을 열심히 쓰고자 하는 제자들에게 공모전에 응모해 보라고 권한다. 그러면 다들 화들짝 놀란다. 자기 같은 글쓰기 초보자가 어떻게 공모전에 응모할 수 있겠냐는 거다.

이 세상에는 참으로 많은 공모전이 있다. 대학생들은 공모전을 통해 자신의 스펙을 쌓는다. 글쓰기 공모전도 그 가운데 하나다. 전국의 수많은 자치단체와 지자체, 출판사 등에서 수시로 공모전을 개최한다. 한마디로 돈을 쌓아 놓고 제발 좋은 글 좀 보내달라고 하는 것이다.

글만 써서 먹고살 수 있느냐고 물으면 나는 밥 먹고 살기 힘들지만 약간의 용돈 정도는 벌 수 있다고 말해 준다. 바로 이러한 공모전이 있기 때문이다. 이런저런 공모전을 찾아 글을 내 보는 거다. 요즘은 앱도 나와 있다. '엽서시' 같은 앱은 이 세상 모든 공모전이란 공모전은 다 소개하고 있다. 들어가서 살펴보면 자신에게 적합하고 상금도 꽤 두둑한 공모전을 발견할 수 있을 것이다. 소설이나 수필 등 다양한 글쓰기 공모전이 수두룩하다.

자신에게 맞는 공모전이 있는지 수시로 찾아보고 공모전 취지를 잘 이해하면 글쓰기 도전에 꽤 유용한 목표를 만들 수 있다.

공모전이라는 목표가 생기면 글쓰기 제자들은 갑자기 눈에 불을 켜고 더 열심히 쓰기 시작한다. 공모전에 당선된 제자도 있고 떨어진 제자도 있다. 하지만 세상은 넓고 공모전은 많기에 계속 도전하라고 이야기해 준다. 단, 주의사항은 상금이 없는 공모전에는 응모하지 말아야 한다.

동기부여가 약하기 때문이다. 상금을 받아서 어디에 쓸 건가를 궁리하다 보면 가슴이 설레고 더 열심히 쓸 수밖에 없다. 한마디로 당근인 셈이다.

물론 공모전 경쟁률은 치열하다. 하지만 도전은 그 자체만으로도 의미가 있다. 도전하기 위해 한편의 글을 여러 차례 다듬고 고치다 보면 좋은 훈련이 된다. 실전 경험을 쌓는 것이다. 이보다 좋은 경험은 없다. 나 역시도 신춘문예라는 공모전에 여러 차례 도전해 떨어졌지만, 또다시 도전하길 반복해 결국은 작가가 되었다.

공모전은 우리를 가슴 설레게 한다. 공모전 리스트를 목전에 놓고 마감에 맞춰 글을 쓰다 보면 어느 순간 성장해 있는 자신을 발견하게 될 것이다.

꼭 정식으로 모집하는 공모전이 아니어도 좋다. 라디오나 텔레비전에서는 수시로 사연을 모집한다. 이런 곳에 글을 보내면 내 글이 방송되는 즐거움을 맛볼 수 있다. 물론 재미있는 사연에는 푸짐한 상금과 상품도 준다. 이 역시도 작은 공모전이다. 각종 백일장이나 경시대회에 나가 보는 것도 의미 있는 일이다. 백일장에 참가해 상을 받았던 경험이 있는 사람들이 나중에 좋은 작가가 되는 경우가 많다. 현장에서 제한된 시간 내에 글을 써내는 능력도 작가로서 중요한 자질이기 때문이다. 돈 주고도 놀러 가는데 백일장에 참여해서 잘하면 상금도 받을 수 있고 참가 기념품도 받을 수 있으니 이 얼마나 좋은가.

사람들은 세상이 자기 능력을 몰라준다고 한탄만 한다. 그러나 눈을 크게 뜨고 여기저기 찾아보면 나를 알아줄 곳은 널려 있다. 글을 쓰는 좋은 습관은 그런 곳을 찾아서 끊임없이 도전하고 문을 두드리는 것이다.

하지만 공모전 사냥꾼이 되어서는 안된다. 공모전은 어디까지나 중간목표여야지 최종목표여서는 곤란하다.

말과 글에
관심을 가져라

　한참 글을 쓰고 싶어 하던 문학청년 시절 나의 관심은
온통 말과 글에 쏠려 있었다. 그때 내가 자주 보던 잡지
가운데는 우리말에 관한 상식 코너들이 심심찮게 있었다.
〈당신의 우리말 실력은〉이라는 코너가《리더스 다이제스
트》에 실려 있었고,《샘터》에도 아마 비슷한 코너가 있었
던 것으로 기억한다. 나는 그런 코너들을 빼놓지 않고 읽
었다. 그런 코너야말로 모르는 단어를 알게 해 주고 잘못

쓰고 있는 표현을 바로 잡아 주는 나의 스승이나 마찬가지였기 때문이다.

국문과에 들어가기만 하면 우리말과 글쓰기를 가르쳐 줄 거라 생각할 테지만 그건 큰 착각이다. 국어국문학과는 말 그대로 국어학과 국문학을 연구하는 곳이다. 학문을 연마하는 곳이기에 실질적인 글쓰기 기능이나 능력을 향상시키는 건 오롯이 학생 개개인의 몫이다. 이건 아마 다른 학과도 그럴 것이다. 식품영양학과를 나왔다고 요리를 잘하는 게 아닌 것과 마찬가지다. 요리를 잘하려면 조리학원에 다녀야 하고 자격증을 따야 한다.

글쓰기와 말하기에는 자격증이 없고 학원도 별로 없다. 결국 이 부문은 두 가지로 해석할 수 있다. 글쓰기와 말하기가 돈이 되지 않으니 가르치는 학원 또한 흔치 않다는 것이 그중 하나일 것이고, 또 하나는 돈 주고 배운다고 해서 크게 늘지 않는다는 점이 또 다른 이유일 것이다. 내가 글쓰기 교실을 통해 많은 제자를 양성하고는 있지만 글쓰기 기법을 가르친다기보다는 글을 꾸준히 쓸 수 있는 습관을 잡아 주려고 한다는 것이 더 옳은 표현일 것이다.

글이 모이는 습관을 가지려면 우리말과 우리글에 더 많은 관심을 가져야 한다.

요즘은 텔레비전에서도 아나운서들이 나와 바른말 쓰기를 알려 주고, 잘 알려지지 않은 우리말을 소개해 주기도 한다. 방송프로그램 중에는 우리말 퀴즈 프로도 있다. 옛날에 비하면 참으로 많이 좋아졌다. 사람들의 인지능력과 사고능력이 그만큼 확장되고 깊어졌다는 의미다. 내가 글을 배울 때는 그런 지식과 정보가 부족해 늘 목말라했다.

어느 날 국립국어원에서 잘못된 문장과 표현을 바로잡은 용례들을 모아 놓은 자료집을 발견했다. 심마니들이 "심봤다"를 외칠 때처럼 나도 "심봤다"를 외쳤다. 나는 그 자료를 복사해 일일이 밑줄 쳐 가며 공부했다. 어떤 표현은 어떻게 고쳐야 한다는 구체적인 예를 보면서 나는 무릎을 탁 쳤다.

"맞아! 나에게 필요한 건 바로 이런 거였어."

한 번 알아두면 우리말이기 때문에 달달 외워야 할 필요도 없다. 그냥 쓱 읽어 보면 내 머릿속에 각인되기 때문이다. 한 번만 교정받으면 같은 실수를 반복하지 않는다. 글쓰기에 애정이 있다면 이러한 관심과 노력은 필수다.

그 뒤 나는 몇 번 국립국어원에 강의하러 간 적이 있다. 우리 과를 졸업한 후배 몇 명이 그곳에서 일하고 있었다. 강의를 마치고 나면 나는 늘 후배에게 부탁하곤 한다.

"요즘 새로 나온 자료집 없나?"

내가 글쓰기와 말하기, 문학을 모두 섭렵하고 있다는 걸 아는 후배들은 기꺼이 자신들이 가지고 있던 비장의 자료를 나누어 준다. 어차피 그런 자료를 널리 보급하는 일을 하는 곳이 국립국어원이기 때문에 그들에게도 도움이 되는 일이다. 국문과는 국어학과 국문학 두 가지 전공 분야가 있는데 가만히 생각해 보면 나는 양쪽 중간쯤에 있는 사람인 것 같다. 언어에도 관심이 있고, 문학도 하고 있으니 말이다.

하지만 늘 경계에서 빛이 나는 법이다. 내가 하는 일 중 글쓰기와 연관된 것들이 무엇이 있을까 고민해 보면 길이 보인다. 지금도 나는 새로운 말이나 문장을 발견하면 메모해 놓는다. 그런 새로운 단어나 표현을 모으는 습관은 글에 대한 관심을 놓지 않게 하고 흥미를 지속시킨다. 그리고 새로 익힌 단어나 새로 익힌 표현은 잊지 말고 의식적으로 자주자주 써야 한다. 쓰면 쓸수록 내 것이 된다. 더나아가 남들에게 가르쳐 주거나 일로써 하면 더 좋다. 일러주고 가르쳐 줌으로써 뇌리에 깊이 새겨지기 때문이다.

특수성에서 보편성으로

지방 강연을 하러 가기 위해 서울역으로 KTX를 타러 갔을 때 일이다. 용무를 마치고 장애인 화장실에서 나와 매표소로 가려고 하는데 노숙자 한 사람이 장애인 화장실을 들어가려다가 내 눈치를 보며 멈칫거렸다. 노숙자들은 자신들 몸에서 냄새가 나고 다른 승객들이 꺼린다는 걸 아니까 독방처럼 마음껏 쓸 수 있는 장애인 화장실을 즐겨 이용한다. 그도 아마 그러려고 하다 공교롭게도 장애인 화장실에서 나오는 나를 만난 듯했다.

나는 그 노숙자에게 곱지 않은 시선을 한번 주고 내 갈 길을 갔다. 그런데 한 10여 미터쯤 갔을 때 누군가가 내 휠체어를 뒤에서 확 미는 것이 아닌가. 나는 너무 놀라 심장이 벌렁거렸다. 뒤를 돌아보니 조금 전 그 노숙자가 화장실에는 들어가지 않고 쫓아와서 나를 확 밀었던 거다. 아마도 자신을 곱지 않은 시선으로 쳐다본 것에 대한 분풀이를 한 모양이다.

그때 나는 생각했다. 저자가 나의 휠체어를 민 게 아니라 흉기나 둔기로 나의 뒤통수를 쳤더라면 나는 어떻게 되었을까? 그나마 다행이라는 생각이 들었다.

그날의 경험은 내가 당한 특별한 일 중 하나일 뿐이다. 독자들과는 아무 상관이 없다. 독자들 대부분은 장애인 화장실에 갈 일이 없고, 노숙자와 만날 일도 없을뿐더러, 더군다나 노숙자들이 함부로 했다고 싸우거나 다툴 수도 없는 것이 상식이기 때문이다. 이런 나만의 특별한 경험을 글로 쓰려면 몇 개의 장치가 필요하다. 일반화 내지는 보편화가 그것이다.

글을 쓴다는 것은 자신이 겪은 소소한 경험, 주변 사람들의 에피소드를 잘 모아두었다가 보편화하고 일반화하는 일이다.

작가는 주로 그런 일을 하는 사람이다. 깊은 산속에서 작은 오두막을 짓고 살다 바람에 지붕이 날아가는 일은 그 집주인만이 겪는 황당한 경험일 뿐이다. 하지만 그 경험을 글로 쓰면서 가난한 선비가 산속에서 사는 것은 이렇게 힘이 들고 그런 게 인생이라 생각하고 마음을 내려놓으니 편안해졌다고 하면 그것은 보편적인 이야기가 된다. 깊은 산속에 들어가서 움막을 짓고 살고 싶어 하는 사람들에게 공감을 불러일으키기 때문이다. 복잡한 세상을 피해 깊은 산속에 들어와 살아도 삶에는 늘 어려움과 곤경이 뒤따른다는, 인간이 지닌 숙명에서 벗어날 수 없다는 보편적이고 공감 가능한 깨달음을 전해 줄 수 있다.

내가 장애인 화장실에서 겪은 황당한 경험을 누구나 공감할 수 있는 보편적인 글이 되게 하려면 우리 사회가 얼마나 위험한 곳인지를 언급하면서 사회 안전을 지키는 것의 중요성과 연결시키면 된다. 아니면 누구나 예기치 않은 피해를 입어 뉴스의 주인공이 될 수 있다는 이야기로 끌고 갈 수도 있다. 더 나아가 사회적 제도를 만들고 방지책을 만들자는 주장으로까지 범위를 넓힐 수도 있다.

이미 서울역에서 벌어진 묻지 마 폭행 사건을 본 적이 있지 않은가. 영화 〈마이너리티 리포트〉에서처럼 예비 범죄자들을 한 명 한 명 찾아내 막을 수는 없는 노릇이니 사회안전망을 더 촘촘하게 가동해야 한다. 아니, 더 나아가 사람들의 분노조절장애를 해결할 수 있는 사회가 되도록 해야 한다. 분노가 쌓일 틈이 없는 유쾌하고 명랑한 사회를 만들어야 한다.

이렇듯 별것 아닌 경험을 가지고 얼마든지 보편적이고 공감대를 형성할 수 있는 주제로 이야기를 전개할 수 있다. 물론 이 이야기는 장애인을 배려해야 한다거나 노숙자들을 잘 관리해야 한다는 다른 주제와도 얼마든지 연결, 발전시킬 수 있다. 글은 이렇게 개인적인 삶과 체험으로부터 시작해 보편적 공감대를 형성할 수 있게 써야 한다.

가끔 나에게 자신이 끄적거린 글을 보내오는 사람들

이 있다. 책으로 내고 싶다는 의사와 함께. 대개 그런 사람들은 자신의 특별한 경험 그 자체가 글이 된다고 생각한다. 하지만 개인적인 경험에 일반 독자들은 아무 관심이 없다. 그 경험을 통해서 어떤 깨달음을 얻었고 어떻게 변화되었으며 어떻게 성장했는지를 알고 싶어 하는 것이다. 이런 포인트가 있어야 독자의 심금을 울릴 수 있다. 다시 말해 독자들의 일반적 심리와 그들의 취향에 어떻게 부응해야 하는가를 고민해야 한다. 비록 나날의 경험은 작고 소소할망정 거기서 얻은 깨달음은 커야 한다. 자신만의 특별한 경험이지만 일반적이고 보편적인 경험이 되게 해야 한다.

그래서 나는 감히 얘기한다. 작가는 직접이건 간접이건 많은 경험을 하고 그걸 글로 남겨야 한다. 그래야 사람들에게 세상에 대해 좀 더 넓고 큰 안목을 제공할 수 있다. 그게 작가의 역할이라면 너무 큰 사명감일까?

노숙자가 불시에 나를 밀쳤을 때 나는 쫓아가 항의하려다 그만뒀다. 그들은 항의의 차원을 넘어서는 삶을 사는 자들이 아니던가. 그들도 그들 나름의 상처가 있어 그렇게 방황하고 있는 것일 터. 정상적인 삶을 이미 놔 버린 처지. 나처럼 참고 넘어가고 잊으려 노력함으로써 얼마나 많은 사건사고들이 세상에 묻히고 있을까. 이런저런 사건을 겪은 그들의 억울함을 찾아내 그들의 상처입은 마음을 위로해 줄 수 있는 또 다른 방법을 생각하게 만드는 사건이었다.

글쓰기에 좋은 경험은 없다

　내가 대학 다니던 시절 우리 문단에는 민족문학이라는 거센 바람이 불었다. 지금 돌이켜 보면 민족문학은 노동자, 농민의 문학이었고, 그것은 계급투쟁의 역사와 연결되어 있었다. 리얼리즘이라는 이름으로 현실 세계에 빗대 갈등과 모순을 고발하는 것만이 진정한 문학이라고 생각했었다.

　그러다 보니 작가들은 현실 세계를 직접 체험하기 위해

공장 같은 곳에 위장 취업했고 유흥가나 창녀촌 같은 곳에 쪽방을 얻어 놓고 글을 쓰기도 했다. 스무 살이 갓 넘은 나 같은 햇병아리 입장에서는 상상도 할 수 없는 놀라운 일이었다. 작가가 그런 곳에 가서 글을 쓰다니. 그런 동네는 길거리에 더러운 토사물들이 유유히 흘러 다니는 곳이라고 생각하던 나였다. 그래서 나는 경험을 중시하는 그들의 생각과 주장이 도저히 다가갈 수 없는 먼 곳에 있는 것처럼 느껴졌다.

"나 작가가 되어야 할까 봐."

소설을 써 보겠다고 하자 그런 흐름에 경도되어 있던 같은 과 몇몇 운동권 친구들이 나에게 이렇게 말했다.

"넌 아무 경험도 없이 어떻게 글을 쓰냐?"

그들 역시 치열한 삶의 현장에 온몸을 던져야만 글이 나온다고 생각했다. 별다른 지식과 경험은 물론 문학이 무엇인지, 삶이 무엇인지에 대한 고민과 사색이 일천했던 나는 당황하지 않을 수 없었다. 게다가 나는 의대나 공대 진학을 꿈꿨던 이과 출신이 아니던가. 문학에 대한 열정이 팍 꺾이는 순간이었다. 그 후로 오랜 시간 좌절했다.

주눅 든 사람이 다시 용기를 내기까지는 두 배 세 배 더 공력이 든다.

하지만 어느 순간 나는 깨달았다. 내가 살고 있는 지금 이 삶은 경험이 아닌가? 내 삶이 그렇게 의미 없는 것인가? 나는 장애인으로 살고 있는데 장애인으로 살아 본 사람은 적지 않은가. 그런 생각이 들자 용기를 내 다시 글을 쓸 수 있었다.

처음 쓴 소설은 1980년 여름에 나왔다. 지금 생각하면 너무 부끄러워서 생각하기도 싫지만, 아무튼 막장 드라마 같은 짧은 단편소설이었다. 재벌 회장 아들이 스포츠카를 타고 신나게 다니다가 교통사고를 냈는데 그 사고 피해자가 공장에서 일하는 미모의 여공이라는 스토리였다. 지금 생각하면 쥐구멍이라도 찾고 싶을 만큼 그 유치한 소설을 (만 19세에 쓴 것이니 이해하기 바란다) 용감하게 〈성대신문〉 현상공모에 응모했다. 물론 일말의 기대도 하지 않았다. 그저 도전과제를 하나 찾아 던져본 거였다. 결과는 물론 낙방이었고 심사평에 언급조차 되지 않았다. 하지만 소설 한 편을 써서 투고해 봤다는 사실만으로도 나는 뿌듯했다. 감사하게도 심사평 말미에 응모한 학생들 이름을 죽 나열해 줘서 처음으로 내 이름을 활자화한 게 소득이라면 소득이었을까.

이후 나는 끊임없이 도전했고, 결국 4학년 때 〈성대신문〉 현상공모에서 상을 받았다. 작은 상이었지만 큰 격려가 되었다. 더욱 통쾌했던 것은 나같이 경험 없는 사람은 글을 쓸 수 없다고 했던 녀석들 가운데 상을 받은 친구는 한 명도 없었다는 사실이다. 지금도 그들은 글쓰기와는 거리가 먼 삶을 살고 있다. 나만 작가가 되었다. 가장 경험이 없고, 가장 세상을 모를 것 같은 장애인이 작가가 되어 책을 300권 넘게 낸 것이다. 이것이 인생이라는 놈의 정체다. 아이러니와 역전과 패러독스.

글 쓰는 사람들을 보면 누구나 결국 자기 이야기를 쓰게 된다. 아무리 멋진 이야기라도 소용없다. 진짜 이야기는 내 이야기인 것이다. 글을 쓰고 싶다고 찾아오는 사람들에게 나는 이렇게 말한다.

진정한 글은 내 안에 있다. 내가 모르는 분야는 쓰지 마

라. 내가 가장 잘 아는 이야기를 찾아 그 이야기를 바탕으로 글을 써라.

그것이야말로 가장 좋은 글이 될 수 있다.

그러나 사람들은 여전히 자신이 경험했던 일과 자신의 처지를 과소평가한다. 그들은 한참 지나고 나서야 깨닫는다. 누구에게나 스토리가 있고, 누구나 책 몇 권 쓸 정도의 특별한 삶을 살고 있는 것을.

나만의 이야기를 쓰자. 그것이 첫 시작이 될 수 있고, 결국은 승부수가 된다. 내가 쓴 300여 권의 책도 결국은 지금까지 내가 살아왔던 삶에 근거를 두고 쓰였다. 장애 이야기가 지겹다고 하는 사람도 있지만 독자들은 계속해서 내 책을 사서 읽는다.

아직 나를 모르는 사람들도 있고 이제 막 내 작품을 접한 사람도 있을 것이다. 그들에게 다가가는 가장 좋은 방법은 내 스토리를 들려주는 것이다. 내가 매일매일 경험하고 있는 내 생각, 나의 삶을 차분히 정리하는 것에서부터 출발해야 한다. 글쓰기에 좋은 경험은 애초부터 없다.

연	S
습	N
장	S
으	를
로	글
삼	쓰
자	기

나는 다양한 SNS 활동을 한다. 독자들과 소통하기 위해서이기도 하지만 어떤 글이 큰 반향을 일으키고, 어떤 글이 무시당하는지 연습하고 공부할 수 있는 것에 SNS만 한 것이 없다. 글쓰기를 배우러 오는 사람들에게 나는 SNS에 글 쓰는 코칭부터 해 준다. 그 사람들의 SNS를 들여다보면 친구 수도 적고, '좋아요'나 댓글도 많이 달려 있지 않다. 왜 그럴까?

SNS에 대한 전략이 없기 때문이다. SNS는 나 혼자만의 공간이 아니다. 간혹 단발마적으로 욕설을 날리거나 한두 문장 알쏭달쏭한 글을 올리는 사람이 있다. 또 어떤 사람은 일기처럼 오만 쓸데없는 이야기들을 꾸준히 올린다. 이런 글은 가히 공해라 할 만하다. 그러면서 사람들이 왜 자신의 글에는 '좋아요'를 안 누르는지 모르겠다고 한다.

이는 전략이 부족하기 때문이다. SNS는 나의 지인들뿐 아니라 불특정 다수가 다녀가는 공간이다. 그들에게서 '좋아요'와 댓글 반응을 얻어내는 것은 글솜씨에서 승부가 난다. 글은 곧 콘텐츠다. 나에게 콘텐츠가 있느냐 없느냐가 관건인데 그런 조언을 하면 대개 돌아오는 반응이 이렇다.

"나는 콘텐츠가 없어요."

콘텐츠라고 해서 거창한 걸 떠올릴 필요는 없다. 자기의 일상, 자기의 관심사, 자신이 공부하는 것, 자신이 찾아간 곳 등. 이 모든 것이 남들에게는 좋은 콘텐츠가 될 수 있다. 단, 글로 써서 깔끔하게 정리하였을 때 그 콘텐츠는 의미를 지닌다.

그래서 나는 글쓰기 코칭을 할 때면 이렇게 말한다. 한

편의 짧은 이야기를 쓴다는 자세로 글을 올리라고. 비록 SNS에 올리는 몇 줄 안 되는 글이지만 그 안에는 발단이 있고 전개와 위기가 있으며 결말이 있어야 한다. 어디 그뿐인가 기승전결을 통해서 읽는 이들의 뒤통수를 때릴 줄도 알아야 한다. 때로는 눈물을 흘리게도 하고, 때로는 공감을 얻어내기도 하며, 때로는 분노를 자아내게도 해야 한다. SNS야말로 모든 사람을 작가로 만들어 줄 수 있는 뛰어난 창작소다.

SNS에 글을 쓰는 마음으로 훈련을 하다 보면 나중에는 제대로 된 글을 시작할 수 있을 테고 또 마무리하게 될 것이다. 10여 줄의 SNS 문장, 거기에 살을 붙이면 긴 이야기가 되고 장편소설이 되는 법이다. 표범 가죽 무늬 하나만 봐도 전체 가죽이 어떨지 짐작할 수 있다. 잘 쓴 글이라면 어떤 글이라도 사람들이 열광하고 환호하며 '좋아요'와 댓글이 쏟아질 것이다.

SNS에서 '좋아요'를 많이 받는 글들을 보면 공통점이 있다. 진솔한 글, 고통이나 아픔을 그대로 드러내는 글, 그리고 재미있는 글이다. 여기서도 일반 책이나 글쓰기하고 똑같은 원리가 작동하는 것이다.

내 손 안에 있는 글쓰기 연습장인 SNS에 글쓰기를 시작해 보자.

어떤 글에 사람들의 공감하는지, 어떤 글이 외면당하는지 자세히 살펴보고 관찰하여 누군가에게 도움이 되는 글, 메시지가 있는 글을 써보자. SNS는 시간 때우기, 시간 낭비나 하는 곳이 아니다. 철저한 나의 글쓰기 연습장이다. 열심히 활동하다 보면 나중에 작가가 돼 글을 발표했을 때 나의 SNS 메시지를 전송받는 독자들이 팔로워가 되고 나의 홍보대사가 되어 줄 수도 있다. 줌(Zoom)에서 강연할 때 내 이야기를 들은 수강생이 이런 명언을 남겼다.

"출판사가 글을 올리면 홍보지만 작가가 올리면 스토리다."

종이신문을 읽자

　이런 이야기를 꺼내면 너무 올드하다는 소리를 들을까 봐 걱정된다. 나는 평생 신문을 읽어 온 사람이다. 제일 처음 신문을 접한 것은 여덟 살 무렵 나를 걸을 수 있게 해 보겠다고 부모님이 수술받게 한 뒤 재활원에 보냈을 때다. 장애아동들이 모여 있는 연세대학교 부속 소아재활원에 머물면서 문화적으로 가장 충격받았던 건 신문이었다. 이미 한글을 깨우쳤던 나는 재활원에 매일 배달되어 오는

〈소년동아일보〉를 보게 되었다. 만화도 있고 어린이 눈높이에 맞는 뉴스도 있는 그야말로 어린이신문이었다. 나는 이때 신문 읽는 습관을 처음 들였다.

퇴원해서 집에 오자마자 어머니에게 부탁한 것이 재활원에서 보던 〈소년동아일보〉를 계속 보게 해 달라는 것이었다. 어머니는 기꺼이 〈소년동아일보〉와 어른용 〈동아일보〉를 함께 신청했다. 〈소년동아일보〉에 실렸던 만화들은 지금도 생생하게 기억난다. 김삼 화백의 '소년 007' 같은 만화는 정말이지 너무나도 재미있었다.

그렇게 신문을 읽다 보니 어느 순간 나는 애독자가 되었다. 학교에서도 신문을 구독했는데 학급 아이들이 전부 돌려 보았다. 당시 경쟁 매체인 〈소년한국일보〉였는데 집에서 〈소년동아일보〉를 구독해서 보는 아이는 나뿐이었다.

4학년 무렵부터는 어린이신문이 아니라 아버지가 보는 신문도 읽기 시작했다. 어른 신문을 읽기 시작하면서 자연스럽게 한자를 익힐 수 있었고, 어려운 내용도 술술 읽을 수 있게 되었다. 그때 이후로 신문은 한 번도 내 곁에서 떠난 적이 없다. 어른이 될 때까지 집에서 계속 신문을 보왔고, 결혼해서 분가한 뒤에도 나는 계속해서 신문을 구독했다. 이사 갈 때마다 전에 살던 집 신문을 끊고 새 신문을 받아 보았다. 어떨 때는 신문을 네 개까지 본 적도 있는데 새로 구독한다고 무료로 다른 신문을 끼워 넣어 주었기 때문이다. 지금도 신문을 두 개 보고 있다.

신문은 그야말로 글 쓰는 자들의 자료 창고다.

간혹 인터넷으로 기사를 볼 수 있는데 왜 굳이 귀찮게 종이신문을 보느냐고 묻는 사람이 있다. 물론 텍스트는 똑같다. 신문에 실린 기사 그대로 인터넷에도 뜨기 때문이다. 그러나 인터넷 기사에서는 글쓰기의 기본인 컨텍스트를 읽을 수 없다. 사회적인 문맥을 알 수 없는 것이다.

오늘 자 신문을 펼치면 가장 중앙에는 우리나라의 경쟁적인 두 대형 마트의 광고가 실려 있다. 펼쳐 놓고 자세히 읽다 보면 기사로는 알 수 없는 수없이 많은 컨텍스트가 그 광고 안에 녹아 있음을 알 수 있다. 수박을 7,000원에 파는데 전 점에서 15만 통을 판다는 것이다. 즉, 대형

마트에서는 수박을 한 번에 15만 개씩 구매한다는 사실을 그 누구도 알려 주지 않지만 나는 신문 광고를 보고 파악할 수 있다.

어디 그뿐인가 기사가 옆에 있는 다른 기사들과 연관되어 나올 뿐만 아니라 광고와 칼럼, 이 모든 것이 오늘 하루 텍스트 형태로 컨텍스트가 되어 내 머릿속에 입력된다. 광고를 통해 요즘 어떤 물건이 잘 팔리는지 알 수 있고, 연예 면에서 보자면 요즘 가장 핫한 연예인이 누구인지도 알 수 있다. 가장 핫한 연예인이 어떤 물건을 광고하면 어떤 효과가 있는지를 생각해 볼 수 있게 해 주는 것이 컨텍스트다. 이런 깨달음들은 종이신문을 보지 않으면 얻을 수 없는 것들이다. 물론 신문 옆에는 항상 수첩을 준비해 놓고 좋은 구절이나 좋은 내용은 옮겨 적어야 한다. 한마디로 신문은 번뜩이는 영감의 보고다.

글을 배우고 싶다고 나를 찾아오는 사람들에게 나는 항상 신문을 읽느냐고 물어보고 안 읽는다면 구독하라고 권한다. 하지만 앞에서는 수긍하지만 돌아서서는 고개를 갸웃하며 이해하지 못하는 듯하다. 컨텍스트의 매력을 경험해 본 적이 없기 때문이다.

가끔 강연을 하려고 아침 일찍 집을 나서다 신문 배달부를 만날 때가 있다. 우리 아파트 한 개 동에 신문을 받아보는 사람은 나 한 명뿐이다. 수백 가구 중 한 사람만이 종이신문을 보는 시대가 되었다. 하지만 나는 오히려 자부심을 느낀다. 종이신문을 읽는 자만이 시대의 컨텍스트를 읽는 자이기 때문이다.

단골 책방을
만들어라

"이 책들을 다른 학생들에게도 알려 주면 좋겠어요."

"그런데 방법이 없는데….'

"제가 정리해서 전단지를 하나 만들어 드리면 어떨까
요."

내가 다닌 성대 앞에는 청맥서점이라는 작은 책방이 있
었다. 대학원생이었던 나는 매일같이 그 서점에 드나들며
사장님과 친구가 되었다. 문학청년이었고, 대학원을 다니

고 있었을 뿐 아니라, 창작에도 관심이 많았던지라 책 읽기야말로 나의 가장 큰 기쁨이었다. 서점을 드나들면서 이 책 저 책 뒤적이다 보니 신간들 가운데 이렇게 좋은 책이 많은데 학생들에게 외면받고 학생들이 토플 공부나 하는 것이 안타까울 때가 한두 번이 아니었다. 그래서 전단지로 만들어서 소개하면 어떻겠냐고 사장님께 건의했다. 그렇게 해서 나는 분야별로 책을 소개하는 작은 전단지를 만들어 마스터 인쇄로 찍어서는 도서관 열람실 책상 위에 쫙 배포했다.

물론 결과가 어땠는지는 알 수 없었다. 청맥서점 사장님은 내가 한 수고를 돈으로는 줄 순 없다며 원하는 책을 몇 권 가지고 가라고 했다. 그런 식으로 책방 사장님과 친해져 나는 마음껏 책을 읽을 수 있게 되었다. 어떤 책이 새로 나왔는지, 당시 어떤 작품이 주목받았는지를 일목요연하게 파악할 수 있었다. 돌이켜보면 치기 어린 도전이었고 계획이었지만 나름대로 오늘날 내가 기획을 해서 먹고 사는 데 일조했다. 남들이 안 한 것, 새로운 것에 도전해보는 것, 그것이 기획이다. 기획은 늘 실패의 부담을 안고 있다. 하지만 성공했을 때의 기쁨 또한 적지 않다.

작가나 글을 쓰는 사람이 책방을 멀리한다는 건 요리사가 되겠다는 사람이 시장에 가지 않는 것과 똑같다. 신선한 식재료로 뭐가 나왔는지 매일 가서 확인하고 싸고 좋은 물건을 구해야 그 사람의 요리가 빛나듯, 좋은 작가가되고 좋은 글을 쓰고자 하는 사람이라면 생쥐가 풀방구리드나들듯 서점을 다녀야 한다.

서점에 갈 때마다 가슴이 설레고 새로 나온 책을 들춰보며 그 내용에 빠져들어야 한다. 살까 말까를 수없이 망설이다가 돈을 지불하고 소중하게 들고 나와 집에 오는길에 다 읽어 버린 경험 한 번 하지 않은 사람이 글을 쓴다는 것은 언어도단이다.

글이 모이는 습관은 가까운 동네 단골 서점을 만드는것이다.

동네 서점들이 다 망했다고는 하지만 거점 서점 몇 곳은 아직 남아 있다. 그런 곳을 찾으면 된다. 그곳에서 가장 핫한 책들을 찾아보자. 사지 않아도 된다. 서점 주인들은 사람만 와도 반갑다고 한다. 그렇게 드나들다 보면 서점 주인에게 커피 한잔 얻어먹을 수도 있고, 어떤 책이 잘 나가는지 정보를 구할 수도 있다. 그런 정보와 경험이 나의 길을 만들어 준다. 내가 좋은 글을 쓸 수 있고, 독자들에게 좋은 반응을 얻는 책을 낼 수 있는 비결은 늘 글 시장에 나가 글을 살피기 때문이다. 글쓰기 역시 사람과 사람이 하는 것이기에 시장에 답이 있을 수밖에 없다.

지금 당장 책을 보러 서점으로 달려가자. 나의 가슴을 설레게 하는 책이 무엇인지 살펴봐라. 사지 않아도 좋다. 읽어 보고 가슴이 뜨거워진다면 그다음 할 일은 글 쓰는 것밖에 없으니까.

유
유
상
종

유유상종(類類相從)이라는 말이 있다. 비슷한 부류끼리 모인다는 의미다. 외국 속담에도 이와 비슷한 말이 있다.

"Birds of a feather flock together."
(같은 깃털을 가진 새들끼리 모인다.)

이 말은 같은 관심사와 같은 경험을 가진 사람들끼리

모이고 만나게 된다는 의미다.

흔히 작가는 고독한 작업이라고 생각해 누구와도 만나지 않고 골방에 틀어박혀 자신만의 세계에서 머리를 쥐어뜯으며 글만 쓰는 줄로 안다. 물론 그것도 틀린 말은 아니다. 작가라면 철저하게 고뇌와 고독의 시간이 필요하기 때문이다. 그걸 부인할 사람은 아무도 없다. 여기저기 나대고 돌아다니면서 글을 쓰는 사람은 별로 본 적이 없다.

하지만 주어진 에피소드와 사건, 소재를 가지고 글을 쓰다 보면 많은 사람의 도움이 필요하다. 특히 글에 대해 함께 고민하고 공부하는 동인(同人)은 큰 힘이 된다. 그들은 같은 광맥을 다른 방향에서 뚫고 들어가는 동료 광부 같은 사람이기 때문이다. 그들의 경험과 그들의 고뇌를 공유하면 훨씬 더 많은 자극을 주는 건 물론 시행착오 또한 줄일 수 있다. 그래서 예로부터 뜻을 같이하는 문인들끼리 모여 동인지를 발간하곤 했다. 학교 다닐 때 달달 외웠던 《창조》, 《폐허》, 《백조》 같은 동인지들 말이다. 이런 동인지는 글 쓰는 사람들끼리 모여 경험을 공유한 결과물이라 할 수 있다.

골방에 틀어박혀 글을 쓰는 것도 중요하지만 가끔은 글 쓰는 사람들끼리 모여 생각을 공유하는 것도 의미 있는 일이다. 따로 형태가 정해진 것은 없다. 독서클럽 같은 형태로 같이 책을 읽고 생각을 공유하다 보면 서로서로 훌륭한 스승 역할도 해 준다.

독서클럽 형태가 아니라면 훌륭한 스승을 모시고 좋은 이야기를 듣는 것도 나쁘지 않다. 먼저 글을 쓰고, 먼저 고뇌한 사람의 입을 통해 어떻게 글을 쓰고 어떤 생각, 어떤 경험을 했는지 물어보는 것이다. 그의 경험과 그의 고민을 듣다 보면 내가 가야 할 길이 보일 때도 있다.

나는 대학을 다니면서 많은 교수와 많은 선배 문인들을 만났다. 그들이 툭툭 던지는 한 마디 한 마디는 나에게 책이 되기도 하고, 좋은 이야기 소재가 되기도 했다. 자신들이 직접 쓰거나 결과물로 만들지는 못했지만 그들의 이야기를 내가 이어받아 글로 표현함으로써 그들이 파 놓은 광맥을 더 깊이 파고 들어가 금맥을 발견할 때도 있다.

이와 비슷한 예는 참으로 많다. 자신이 쓰려고 했던 소재를 내밀면서 네가 한번 써보라고 한다든가, 자기는 바빠서 못 쓰니 자네가 가지고 가 완성해 보라고 하면서 새로운 글감을 던져 주기도 한다. 그렇게 던져진 소재는 새로운 작가를 만나 빛을 보고 불후의 명작이 되기도 한다.

글이 모이는 습관 중 하나는 뜻을 같이하는 사람을 자주 만나 이야기를 듣는 것이다.

나 역시도 인근에 글을 봐주는 출판사에 다니는 주간이나 동료 작가들이 있다. 가끔 그들과 만나 밥을 먹고 차를 마시는 것은 여유를 즐기고 휴식을 취하는 일이기도 하지만, 나의 성장과 창작욕에 불씨를 지피는 계기가 되어 주기도 한다.

이 세상에서 혼자 할 수 있는 일은 많지 않다. 지금부터라도 함께 글에 관해 이야기하고 보여 주기도 하고 읽어주기도 하면서 서로에게 조언해 줄 사람을 찾도록 하라. 꼭 문인이 아니어도 좋다. 그저 글을 좋아하는 사람이면 된다.

현장에
직접가보자

고성의 봄볕은 따스했다. 길가에 차를 세운 나는 아내
와 아이들이 밭두렁을 지나 무덤을 향해 아장아장 나아가
는 것을 가만히 지켜보고 있었다. 밭 한가운데 잔디가 덮
인 무덤이 보였다. 묘비도 없고 장식도 하나 없이 흙무더
기뿐이었다. 아직 갈지 않은 밭에는 잡초들이 여기저기
고개를 내밀고 있었는데 아이들은 잔디가 덮인 봉분으로
다가가 이제 막 푸릇푸릇해진 잔디를 만지작거렸다. 기저

귀도 떼지 못한 둘째는 잔디가 뒤덮인 봉분이 신기한지 비칠비칠 언저리에서 뛰논다.

"거 누구요?"

장화를 신은 늙은 농사꾼 한 명이 우리에게 다가왔다. 봄날의 땅 고르기를 하려던 참인지 괭이 하나를 들고 있었다.

"혹시 이 부근에 엉규이 묘가 어디 있나요?"

"엉규이 묘? 저거요."

"아, 맞군요."

나는 감격하지 않을 수 없었다. 나는 그 묘를 찾기 위해 어지간히도 애를 쓰며 돌아다녔다. 경남 고성의 이름 없는 산골 마을에 있는 묘비도 없는 묘를 찾기란 쉽지 않았다.

1993년 박사학위를 받고 소설가로 등단한 나는 《원균 그리고 원균》이라는 역사소설을 쓰고 있었다. 알다시피 원균은 간신이자 이순신의 영원한 라이벌로 오랫동안 악역을 담당했던 장군이다. 그에 관한 소설을 쓰기 위해 자료를 뒤졌는데, 칠천량 해전에서 패배한 뒤 원균이 육지로 올라왔다 어느 계곡에서 왜군에게 죽임을 당했다는 기록을 접했다. 왜군은 후퇴하던 원균의 목만 베어가, 그 뒤 장군의 원혼은 구만리 장천을 떠돌았다는 것이다. 훗날 누군가가 그의 목 없는 시신을 양지바른 곳에 묻어 주었는데, 그 시신을 묻어 놓은 무덤을 그 뒤로 '엉규이 묘'라고 불렀다고 한다. 그 후 밭 주인이나 주변 사람들이 그 묘를 건드리면 그날 밤 꿈자리가 사나워진다는 말이 전해져 내려왔고, 그 때문인지 아무도 그 무덤을 파내거나 건드리지 못했다. 여기까지는 전설이다.

하지만 나는 직접 내 눈으로 확인해야만 했다. 그 이야기를 듣자마자 바로 차에 가족들을 태우고 서울에서 고성까지 내처 달렸다. 물어물어 찾아간 엉규이 묘를 보자 눈물이 쏟아질 것만 같았다. 누구인지는 알 수 없었지만 그 밭 주인 역시 그 묘를 건드리지 않고 보존하고 있었다. 확밀어서 밭으로 만들면 소출이 더 늘어날 텐데 그러지 않았던 것이다.

"이 웬 얼라들이고?"

노인은 난데없이 꼬맹이들이 찾아오자 기뻐하며 우리 딸을 안아 주었다.

그때 나는 진위는 알 수 없지만 그 무덤에서 원균 장군의 원혼이 나에게 속삭이며 이야기를 하는 듯했다. 아니 영혼의 교감을 느꼈다. 자신의 이야기를 꼭 글로 써 달라고, 수백 년 동안의 원한을 풀어달라고. 나는 각오를 다졌다. 반드시 그러겠노라고.

이는 현장을 직접 찾아가지 않았더라면 느끼지 못했을 감정이었다. 말로 설명할 수 없지만 하늘의 문이 열리거나 영계와 교감한 느낌, 아니면 우주의 섭리가 내 두뇌 시스템에 다운로드된 것 같은 기분을 느꼈다.

글을 쓰려면 현장에 가봐야 한다. 허탕 칠 각오를 하고 일단 찾아가는 습관을 들여야 한다.

또 하나 현장 방문의 쾌거가 있다. 우리나라 최초의 가톨릭 신부인 김대건 신부의 일대기를 쓰기 위해 충청도 내포를 찾았을 때 일이다. 김대건 신부가 살았던 성지는 가 본 사람은 알겠지만 언덕 위에 있다. 그 대목에서 나는 의문이 하나 생겼다. 김대건 신부가 용감하게 쪽배를 타고 망망대해를 건너 중국으로 갔다는 기록을 믿을 수가 없었다. 요즘에도 큰 배를 타고 공해상으로 나아가는 건 보통 일이 아닌데 쪽배를 타고 바다로 나간다는 건 도무지 불가능해 보였기 때문이다. 나는 현장의 담당 신부님을 만나 이야기를 듣고 성역 일대를 구경했다. 궁금증을 참다못해 나는 의문스러웠던 걸 묻고야 말았다.

"신부님, 의문이 하나 있습니다. 어떻게 김대건 신부는 그 어린 나이에 바다를 건너서 중국까지 갈 생각을 했을까요?"

"하하하! 작가님, 이곳이 육지로 보이시지요?"

"네 산골짜기 아닙니까?"

"여기가 옛날에는 바닷가였습니다. 해안선이 내륙으로 깊이 들어왔다 나가는 바다였지요. 지금은 매립해서 평지가 된 겁니다. 김대건 신부님은 어려서부터 바다에서 살다시피 했던 분입니다."

그 순간 머리에 반짝하고 불이 켜지는 것 같았다.

"충청도 당진 사람들은 한양에 갈 때 육로로 가지 않았습니다. 배를 타고 제물포로 들어갔지요."

그거였다. 대다수 사람들에게는 두려움의 대상이었던 바다가 김대건 신부에겐 친구나 마찬가지였던 것이다. 두려움의 대상은커녕 배를 띄워 원하는 곳은 어디든 갈 수 있는 고속도로였던 셈이다. 현장에 가지 않았으면 나의 의문은 풀리지 않았을 것이다. '내포(內浦)'라는 말 하나를 머리에 박은 채 서울로 돌아왔고, 이 현장 답사는 김대건 신부의 스토리를 개연성 있게 만드는 데 크게 기여했다.

흔히들 글은 엉덩이로 쓰는 거라고 한다. 맞는 말이다. 들어앉아 진득하니 써야 한다. 하지만 쓸 재료는 어떻게 구한단 말인가. 현장에 답이 있다는 말을 나는 백번 공감한다.

코로나19 사태로 A 종교가 문제가 되었을 때 교주가 자신의 회관 앞에서 인터뷰하던 장면을 기억하는가. 교주가 인터뷰하는데 누군가가 계속 옆에서 떠들며 방해를 했다. 참다못한 교주는 떠드는 사람들에게 호통을 쳤다. 어처구니없는 상황이었다. 여기서 나는 의문이 생겼다. 기자들이 취재하러 와서 교주를 비난했을 리는 없다. 기자들에게는 취재할 권리만 있을 뿐, 자신의 감정이나 의견을 내세울 수는 없는 노릇이기 때문이다. 교주가 온 나라에 폐를 끼쳤기에 오히려 더 조용히 그의 이야기에 귀를 기울여야 하는데 누군가가 확성기로 계속 잡음을 넣고 있었던 것이다. 방송 진행자는 외부인들이 항의하고 있다는 식으로 짤막하게 설명을 덧붙였을 뿐이다.

그렇다면 그 외부인들은 왜 거기까지 가서 소리를 지르고 방해했던 걸까? A 종교 집단에 항의하는 것이라면 왜 종교의 자유가 있는 나라에서 방송국과 기자회견을 하고 있는데 그렇게 고함을 쳤던 걸까? 궁금증을 견디다 못해 다음날 나는 아내와 함께 차를 몰고 가평에 가보기로 했다. 과연 얼마나 화려하게 지어 놓고 살고 있나 보고 싶기도 했다.

현장을 찾아갈 때는 늘 가슴이 설렌다. 가평의 꾸불꾸불한 산길을 지나 물이 보이는 경치 좋은 곳에 본원이 있었다. 어제까지만 해도 그렇게 북적대던 기자들은 다 사라지고 그곳은 휑하니 비어 있었다. 아무도 없었다. 하지만 차를 돌리려던 순간 A 종교 측에서 내 건 현수막 하나가 모든 걸 설명해 주었다. 현수막의 내용은 이랬다.

교인으로 들어온 청년이나 가족을 우리는 오라고 한 적이 없고, 가는 걸 막은 적도 없습니다. 이곳에 와서 소란행위를 하지 마십시오.

모든 진위를 알 수 있는 내용이었다. 자녀들이 A 종교에 빠져 가출하고 종적이 묘연해지자 부모들이 이곳에 찾아와 항의했던 거였다. 아마도 수시로 찾아와 본원 입구에서 항의를 한 모양이다. 그걸 견디다 못해 A 종교 측에서 그런 현수막을 내걸었음을 알 수 있었다.

순간 나는 속죄 기자회견 하는 교주가 당당하게 큰소리쳤던 이유를 납득할 수 있었다. 그는 국민들을 야단친 것도 아니고, 기자들에게 그런 것도 아니었다. 현장에 와서 자신들을 규탄하는 A 종교 신도들의 부모와 형제들을 질책했던 거다. 순식간에 모든 것이 이해되었다.

작가는 수시로 배낭을 싸서 떠나는 습관을 들여야 한다. 그 이유는 현장이 모든 걸 말해 주기 때문이다.

PART 3

Attitude

삼촌이 남기고 간 책

아버지는 군인이셨다. 그래서 1년마다 임지를 바꿔가며 전국을 돌아다녀야 했다. 나는 초등학교에 들어갈 무렵에야 이사를 다니지 않을 수 있었다.

내가 여섯 살 때 목포의 모 부대 부대장 관사에서 살다 1년 만에 온 가족이 서울로 올라오게 되었다. 목포에 가기 전에 나는 한글도 모르는 어린아이였지만 1년 뒤 귀경할 때는 한글을 깨우치고 책과 만화책도 읽기 시작한 어엿한 어린이가 되어 있었다. 지적 호기심은 왕성했으나 장애를 가지고 있었기에 딱히 할 수 있는 일이 없어 책을 통해서만 호기심을 충족해야 했다.

서울 집은 대흥동에 있는 15평짜리 한옥. 지방으로 내려가기 전에 살던 집이었는데 1년간 삼촌 혼자 살았다. 삼촌은 서울대 문리대 대학생으로 종교철학과를 다니는 수재였다. 인근 숭문고등학교를 졸업한 후 서울대학교에 들어간, 당시로 치자면 공부만 하는 공붓벌레였다. 아버지는 동생이 크게 잘 되리라 기대했는지 제주도에서 고등학교에 다니던 삼촌을 서울로 불러올려 서울대학교까지 보냈다. 말 그대로 형제는 용감했다.

우리 가족이 돌아오자 집을 지킬 겸 혼자 살고 있던 삼촌은 군에 입대하였다. 삼촌이 쓰던 책상은 공부를 얼마나 많이 했는지 책상 모서리의 팔꿈치 닿는 부분이 닳아 움푹 파였을 정도였다. 그 정도로 공부해야 서울대학교에 가는 모양이다.

그런 삼촌이 남겨 놓고 간 것은 상자에 담긴 책 한 상자뿐이었다. 어린 시절부터 활자 중독자였던 나는 삼촌이 두고 간 책들을 꺼내 읽기 시작했다. 무슨 내용인지도 모르면서 읽은 책이었지만 나의 인지능력은 급속도로 향상되었다. 삼촌이 두고 간 책들은 주로 동화책이었다. 강소천 동화집, 마해송 전집, 방정환 전집 같은 것들이었다. 가뜩이나 읽을 것에 굶주려 있던 어린 소년에게 삼촌이 남겨 놓고 간 책 상자는 보물상자나 마찬가지였다. 그야말로 탐독을 위한 만찬이었다.

특이하게 삼촌은 책을 읽고 난 후 꼭 말미 여백에 몇 줄의 메모를 남겨 두었다. 바보 이반의 이야기를 재밌게 읽었는데 이야기 끝에 삼촌을 이렇게 써 놓았다.

러시아의 민족성이 드러난다.
하지만 바보였던 이반이 마지막 순간에 기지를 발휘하는 것은 앞뒤가 맞지 않는다.

이런 식이었다.
상자 안에는 삼촌 사진도 있었다. 그런데 고등학교 때 학원사에 투고하여 소설이 당선돼 상을 받는 장면이 찍혀 있는 것이 아닌가. 아버지인 형님에게 자신이 글을 쓴다는 이야기를 한 번도 한 적이 없었는데 알고 보니 삼촌의 꿈은 소설가였던 것이다. 그런 삼촌이 두고 간 책을 통해 나는 최초로 독후감 혹은 평론이란 것에 대해 배우게 되었다. 배웠다기보다 책을 읽고 다르게 생각할 수 있다는 사실을 깨달았다. 그 뒤로 나도 책을 읽고 나면 메모하는 습관이 생겼다. 삼촌처럼 체계적으로 독후감을 썼던 건 아니지만 아무 곳에나 내 생각을 적곤 했다.

과연 그런가?
예외는 없나?
말이 되나?

이런 식의 짧은 메모 형태로 내 생각을 적는 것이 습관이 되었다. 그것이 오늘날 나를 작가로 만든 것 같다.

나를 가끔 만나는 사람들은 내가 까칠하다, 꼬치꼬치 캐묻는다, 껄끄럽다고 이야기한다. 성격 때문일 수도 있으나 문학을 공부했고 직업이 작가인 연유로 그런 것 같다.

작품을 접할 때는 늘 문제의식을 가져야 하기 때문이다. 대학교에 다니면서 주야장천 들었던 것이 문제의식이었다. 연관된 표현으로는 역사의식이 있다.

남들이 하는 이야기를 그대로 받아들이지 않고 책을 읽더라도 여백에 내 생각을 적으며, 책을 쓴 사람에게 시비를 걸고, 장딴지를 걸어 되치기를 하고 엎어치고 후려치고 매치는 훈련! 이런 수련을 하지 않으면 좋은 글을 쓸 수가 없다.

많은 필자가 책을 쓰기 전에 흥분부터 하거나, 자신이 한 맺혔던 내용을 중언부언 미친 듯이 풀어 놓기 일쑤다. 그런 것들을 통해 나는 작가가 어떤 생각과 어떤 인과관계로 글을 썼는지 간파한다. 모 교수는 자신의 저서 머리말에 자기가 이 책을 쓰게 된 결정적인 계기를 소개해 놓고 책 마지막 끝맺는 말에도 똑같은 이야기를 반복해 놓았었다. 편집자가 걸러내지 못한 거다. 독자들이 필자의 반복되는 넋두리를 들어 줘야 할 의무는 없다. 이런 꼬투리 잡기를 내가 읽은 그들의 책에 기록해 놓는다.

'책은 고귀한 물건이 아니다.'

'훔쳐 가거나 몰래 보는 물건도 이제는 더 이상 아니다.'

'책은 그저 필자가 떠들어 댄 이야기 모음이다.'

'내게 반박을 하라고 책에 여백이 있는 것이다.'

'중간중간 책 한 장이 끝날 때마다 있는 백지는 좋은 메모지와 낙서장이다.'

'마음껏 내 생각을 끄적이자.'

'필자를 욕해도 좋다.'

'시비를 걸어도 좋다'

생각의 끄적거림이 글을 쓰게 만드는 습관이 된다.

삼촌은 그 뒤 엉뚱하게도 군대에 말뚝을 박고 직업군인으로 살다 고인이 되었다. 내가 작가가 된 후 삼촌의 책을 물려받아 읽었다고 이야기하며 동화를 쓰게 됐다고 하자 삼촌은 동화작가가 되어 좋다고 말해 주었다. 이처럼 동화에 대한 편견이 깨진 건 순전히 삼촌 덕분이다. 작가가 된 내 삶에는 삼촌의 지분도 어느 정도 있다고 생각한다. 책에 남긴 그의 끄적거림은 어린 조카를 작가로 만들어 주었다. 고인의 명복을 빈다.

또
관찰해라

관찰하고

문과대학 체육대회가 있던 날이었다. 종목은 줄다리기, 닭싸움, 씨름, 본 적도 없는 놋다리밟기 등과 같은 전통놀이가 주였다. 내가 학교 다닐 때만 해도 우리 것을 되살리고 지키자는 풍조가 대학가에 만연해 있었다. 탈춤을 배우고 사물놀이를 공부하며 축제 이름도 '대동놀이'라고 바꿀 정도였다.

3학년 과대표였던 나는 이 행사를 관장하는 주체로 참

여했다. 국문과 대표 선수들을 골라 내보내야 하는 상황이었는데 선후배 간에 서로를 잘 알지 못해 학년 간 소통의 문제가 있기도 하고, 격차가 있기도 했다. 그나마 내가 중간에서 윤활유 역할을 했다. 장애를 가진 내가 윤활유 역할을 하다니. 한 마디로 라인업을 짜는 데 내가 큰 역할을 했던 거다. 씨름은 1학년의 누구누구, 놋다리밟기에는 누가 올라가고, 줄다리기는 누가 앞에 서고…. 후배가 선배들에게 별로 정보를 얻을 수 없었던 우리 과 사람들은 나의 지시에 따를 수밖에 없었다. 한마디로 감독이나 스카우트 비슷한 역할을 했던 것이다.

어느 종목에도 참여할 수 없었던 목발 짚은 장애인인 내가 이렇게 라인업을 짤 수 있었던 건 관찰을 통해 우리 과 80명 개개인의 특성과 체질을 잘 파악하고 있었기 때문이다.

관찰은 어렸을 때부터 나의 유일한 취미였다. 소아마비 장애로 인해 신체 활동에 제약을 받았던 나의 유일한 즐거움은 남들을 구경하고 관찰하는 거였다. 동네 아이들이 뛰어노는 것을 대문턱에 걸터앉아 온종일 물끄러미 바라

보았다. 이 일이 하루 이틀 이어지자 어떤 녀석은 어떤 행동을 하고 어떤 녀석은 무슨 말을 한다는 것을 이내 파악할 수 있었다. 관찰이 길어지자 그 녀석의 다음 행동까지 예측할 수 있게 되었다. 이렇게 나는 평생을 주위 사물을 관찰하며 살았다.

중고등학교 때는 체육 시간과 교련 시간에 밖에 나가서 하는 활동에 참여할 수가 없어 혼자 교실을 지켜야 했다. 창문 바깥으로 아이들이 목검술을 익히거나 축구 시합하는 것을 유심히 관찰하였다. 몸은 교실에 있지만 마음은 녀석들과 함께였다. 어떤 녀석은 공을 밟고 넘어졌다. 막을 수 있는 공을 놓치는 골키퍼도 있었다. 이런 것들을 열심히 관찰했다. 관찰만이 내가 할 수 있는 유일한 참여였다. 아니 관찰이야말로 가장 즐거운 놀이였다.

그 뒤 박사학위를 받고 대학교에서 20년간 학생들을 가르치면서 나는 늘 메모의 중요성을 강조했다. 문방구에서 파는 싸구려 수첩을 하나 사서 메모하라는 게 나의 가르침이었다. 뭔가를 메모한다는 건 무엇인가를 관찰하는 것이기도 하다. 장만한 수첩을 한 학기 동안 메모로 가득 채

운 사람에게는 가산점을 주겠다고도 했다. 그러나 가산점을 받은 학생은 몇 명 되지 않았다. 대부분의 학생이 고작 사오십 페이지짜리 작은 수첩 하나를 못 채웠던 것이다. 한 아이템마다 한 페이지씩 써넣으면 될 일이거늘 한 학기 내내 감수성과 지성이 예민하게 열려 있을 그들의 안테나가 관찰에서 얻은 깨달음이 고작 40개도 되질 않았다. 나였다면 그 정도 수첩은 일주일이면 가득 채우고도 남았으련만.

학생들이 수첩을 채우지 못하는 건 관찰을 하지 않기 때문이다. 관찰이야말로 최고의 재미있는 오락이다. 관전 포인트는 지식인의 습성이다. 사람들이 하는 엉뚱한 행동을 잘 관찰한 다음 나중에도 그 행동을 하는지 안 하는지, 예측한 대로 되는지 안 되는지를 지켜보는 즐거움이 있다. 이는 국가 대표 축구 선수가 월드컵 경기에서 맹활약하는 것을 보는 것보다 더 재미있다. 예측대로 될 때의 쾌감과 예측대로 되지 않았을 때의 문제점 분석은 그야말로 고도의 지적 유희다.

멍하니 넋 놓고 사물을 흘려보내면 안 된다. 관찰하고 또 관찰해야 한다. 거기에서 깨달음을 얻어야 한다.

관찰해서 뭔가 얻은 게 없다면 다음날 또 관찰하자. 관찰하고 또 관찰해야 한다. 도둑들조차도 남의 집을 털려면 보름 이상 목표로 한 집을 지켜본다고 하지 않던가. 관찰하고 지켜보다 보면 뭔가 얻어걸린다. 그것이 나의 글쓰기 방법이고 그것이야말로 삶에서의 진짜 깨달음이다.

그해 문과대학 체육대회 우승팀은 다름 아닌 우리 국문과였다.

집 밖으로

짧은 여행

집에서만 작업하면 답답하고 변화가 필요할 때면 나는 가끔 집 앞 벤치로 나간다. 그곳에만 나가도 수없이 많은 글감, 관찰할 거리가 널려 있다. 우리 집은 문을 열면 맞바람이 쳐서 가끔 문이 안 열릴 때가 있다. 그러면 오늘 바람이 세게 불고 있다는 걸 알게 된다. 힘겹게 문을 열고 나가 복도를 지나가면 옆집 문 앞에 택배 물품이 쌓여 있는 게 보인다. 조금 자세히 들여다보면 무엇을 주문했는지 어떤 내용의 것들인지를 알 수 있다. 그러다 보면 그 집 사람들의 삶을 엿볼 수 있다. 때로는 커다란 아이스박스가 배달되어 오기도 한다. 맞벌이를 하기 때문에 식품류를 자주 주문하는 것 같다. 그렇게 되면 택배 시스템과 식품의 빠른 배송뿐만 아니라 우리 사회가 얼마나 초집적 사회인지를 깨닫게 된다.

아파트 현관문을 열고 바깥으로 나오면 택배원들이 화물칸 문을 열어 놓은 채 열심히 드나들며 배달할 물건들을 땀 흘려 나르는 걸 본다. 우연히 들여다본 택배 상자가 쌓여 있는 탑차 한쪽 벽면에 숫자가 잔뜩 적혀 있는 걸 보았다.

삼광 3456
우광아파트 1234

무엇인가 하고 보니 택배원이 배달하는 아파트와 빌라 단지의 출입구 비밀번호를 적어 놓은 것이었다. 새벽 배송을 하려면 출입구 비번을 알아두어야 하기 때문이다. 아마 그 숫자들은 전임자들에게 물려받은 족보일지도 모른다.

한 마디로 택배원의 밥벌이에 도움이 되는 숫자들인 것이다. 그 숫자들이 밥이 되는 숫자라는 생각이 스치자 글쓰기 명제가 떠올랐다. 그 숫자 중 하나라도 바뀐다면 그의 삶은 흐트러지고 만다. 새로운 비번을 설정하면 그는 한동안 그 비번을 찾아내기 위해 헤매야 할 것이다. 물론 그러다 다른 지역으로 배정되면 또 다른 비번을 탑차 옆면에 바벨탑처럼 하나하나 쌓아 나갈 것이다.

벤치에 앉아 있노라면 으슥한 곳으로 담배를 피우러 찾아 들어오는 사내들이 보인다. 아파트 단지 내에는 공식 흡연 구역이 정해져 있지만 그곳은 노출되어 있다. 바람이 잘 통하긴 하지만 담배를 피울 때 누군가가 자신을 보는 게 불편한 거다. 그래서인지 담배를 피우려는 사람들이 금연 구역으로 정해져 있는 등나무 벤치 쪽으로 슬금슬금 다가온다. 내가 먼저 와 자리를 선점하고 있다는 것을 알고는 눈치를 보며 저만치 구석으로 가 담배를 피운다.

어느새 흡연은 남에게 피해를 주는 행위가 되고 눈치를 봐야 하는 일이 되었다. 그래도 꿋꿋하게 담배를 피운다. 나는 그들이 담배 피우는 행위를 몰래 유심히 관찰한다. 검지와 중지 사이로 끼워서 피는지, 엄지와 검지 사이로 꼽아서 피는지도 살핀다. 흡연하면서 침을 뱉는지 담배꽁초를 어디에 버리는지도 관찰한다. 담배 피우는 행위 하나만으로도 그 사람의 수준을 알 수 있다.

벤치에 앉아 있노라면 이렇게 오가는 사람들을 자세히 관찰할 수 있다. 하지 말라고 써 붙여 놓아도 아랑곳하지 않고 꼭 후진 주차를 하는 사람들이 있다. 그들의 행태는 습관인가 의도인가. 출발하기 편하려고 후진 주차를 하는 거겠지만 뒤에 있는 화단의 식물에 매연이 뿜어져 나오고 덩달아 옆에 앉아 있는 나에게도 안 좋은 공기가 훅하고 밀려온다. 그러면 나는 배려심에 대해 생각하게 된다.

벤치에 고즈넉하게 앉아 있노라면 이번에는 청각이 살아 움직인다. 아파트 창문 너머로 들려오는 세탁기 돌리는 기계음, 부부싸움 하는 악다구니, 아기 우는 소리 등등이 내 귀에 끊임없이 복합적인 정보를 집어넣는다. 아기가 우는 집은 엄마 아빠가 싸워서일까, 아니면 다른 집 아이일까? 세탁기를 돌리면서 음식을 하는 소리가 들리는데 같은 집일까, 다른 집일까?

벤치 옆에는 각 가정에서 내다 버린 실내용 운동기구들이 하염없이 녹슬어 가고 있다. 아마 버리기는 아깝고 집에 두기는 버거우니 그곳에서 운동이나 하라고 내놓은 모양이다. 하지만 남이 쓰던 낡은 운동기구에서 페달을 밟으며 운동할 사람은 아무도 없다. 한때는 홈쇼핑에서 귀하게 팔렸을 그 운동기구들이 푸대접받는 것을 보며 우리네 삶도 그러하리라는 생각이 든다.

한동안 벤치에서 자리 잡고 앉아 있다 집으로 들어오는 길에 화단을 지난다. 화단에 피어 있는 접시꽃은 어느새 많이 자라 꽃이 피기 시작한다. 몇 장 스마트폰에 담는다. 짧은 집 밖 여행이었지만 많은 것을 보고 느꼈다.

관찰하고 또 관찰하다 보면 그것들은 언젠가 내 안에 숨어 있다가 내 글에서 생명을 얻는다. 다시 태어나서 살아 숨 쉬게 된다.

작가가 관찰하는 습관을 갖는다는 것은 곧 글 쓰는 습관이고 글이 모이는 습관이다.

자료의 독

자료의 힘

내가 아는 J 작가는 자료수집의 달인이다. 그는 자신이 수집한 자료를 꽂을 적당한 파일 홀더까지 특수 제작해 사용한다. 그 홀더 안에 자기가 수집하고 공부한 내용을 정리하고 분류해서 꽂아 놓는다. 스프링 바인더로 되어 있기 때문에 얼마든지 자료를 넣었다 뺄 수 있어 손쉽게 분류하고 보관할 수 있다. 한 마디로 자신만의 아카이브를 형성하는 것이다. 작업실에 자신이 수집해 놓은 자료들이 좍 꽂혀 있는 것을 보여 주며 자랑하는데 나는 혀를 내두를 수밖에 없었다.

자료를 수집하는 습관은 글을 쓰기 위해 정말이지 꼭 필요한 습관이다.

모아 놓은 자료를 읽고 공부하다 보면 자신이 하고 싶은 이야기가 떠오르고, 이 자료와 저 자료를 비교하다 보면 틈새가 보인다. A와 B의 의견이 다르다면 거기에는 분명히 작가의 촉이 들어갈 빈 곳이 있기 마련이다.

나 역시도 자료 수집의 왕이다. 아니 자료 수집의 왕이었다. 대학원 다니면서 논문을 쓰다 보면 그런 습관이 들지 않을 수 없다.

과거에는 자료를 수집해 조그마한 독서카드에 필요한 항목들을 일일이 손으로 옮겨 적고 나중에 필요할 때면 그 자료를 뽑아 쓰곤 했다. 완전히 아날로그 방식이다. 하지만 요즘은 자료 검색하기가 너무나도 쉽다. 대부분의 논문과 간행물을 전부 다 디지털화했기 때문이다. 검색방법만 잘 습득한다면 신문기사, 잡지기사, 각종 텍스트가 얼마든지 내 것이 될 수 있다. 한마디로 자료 부족이 아니라 자료 홍수인 셈이다. 그렇기에 J 작가와 같은 친구는 체계적으로 자료 수집을 해 좋은 작품을 얼마든지 써낼 수 있다. 그의 작품들을 읽어 보면 치밀한 고증과 함께 연도라든가 사실 여부가 촘촘하게 짜여져 있다.

자료 수집은 두 가지 좋은 점이 있다. 내가 쓰려는 글을 좀 더 치밀하게 만들어 주는 효과와 수집하는 동안 어떻게 써야 할지에 대한 설계와 구성 틀을 잡을 수 있다는 점이다. 나 역시 과거에는 그렇게 작업했었다.

하지만 내가 쓰는 분야는 창의성이 가장 중요한 요소다. 한 마디로 자료가 글 자체가 되지는 않는다. 다큐멘터리가 아니라는 얘기다. 필요한 핵심 자료를 파악했다면 다음에는 그 자료에 부족한 부분을 메꿔줄 상상력이 필요하다. 그래서 내 작업실은 늘 엉망이다. 깔끔하게 정리정돈할 수가 없다. 그저 글자로 된 자료들만 있으면 그다음엔 나의 머릿속에 있는 오만 픽션과 상상력과 융복합 능력을 총동원하면 되기 때문이다. 방구석이 엉망이 되는 이유가 그것이다.

그러다 보니 요즘은 그렇게까지 자료에 의지하지 않는다. 기본재료는 보되 거기에 나만의 이야기가 덧붙여져 새로운 자료가 만들어지기 때문이다. J 작가의 작품은 촘촘하게 고증은 잘 되어 있지만 문학작품이 갖고 있는 기본적인 유머나 기발한 상상력, 발랄함은 좀 아쉽다. 자료가 발목을 잡는 것이다. 이는 작가 스스로도 인정한 사실이다.

자료가 과연 글쓰기에 독일지 약일지는 잘 판단해야 한다. 정량을 쓴다면 독도 약이 된다. 그러나 그 정량을 누가 안단 말인가? 먹어 보기 전에는 알 수 없다는 것이 함정이다.

관종이 되자 글쓰기

"선생님, 지도하시는 아이들과 함께 책을 쓰고 싶은데 가능할까요?"

"무슨 말씀이시죠?"

"제가 쓴 원고를 아이들이 읽어 보고 의견을 주면 수정하고 고쳐서 동화책으로 내볼까 합니다."

"그러면 작가님 책이 출판되기 전에 우리 아이들이 먼저 읽어 보는 건가요?"

"그렇지요."

"어머, 독특한 경험이네요. 하지만 다른 작가들은 작품이 책으로 나오기 전까지는 절대 안 보여 주던데요."

"저는 그런 사람들하고는 달라요."

《나무들을 구한 책벌레》에 관한 기획이 나온 어느 날 나는 300권 가까이 책을 내고 400만 부나 판매한 내게 큰 죄가 있음을 깨달았다. 나로 인해 수없이 많은 나무를 베어낸 셈이었기 때문이다. 이 죄를 어찌 갚아야 하나 생각하니 두려움이 내 온몸을 엄습했다. 그래도 책으로 나무들을 베어 쓰러뜨렸으니 조금은 정상참작이 되지 않을까! 그때 떠오른 아이디어가 책을 너무 많이 읽어서 나무들에게 원한을 산 책벌레 이야기였다.

원고를 써서 K 선생에게 NIE(신문 활용 교육) 수업을 받는 초등학생들에게 보여주자 역시 기발한 의견들이 많이 나왔다. 재미없는 부분과 재미있는 부분, 새로운 아이디어와 제안들이 쏟아져 들어왔다. 물론 그 모든 아이디어와 제안들은 내 책에 반영되었다.

내가 쓴 글을 남들에게 선뜻 읽어 보라고 내주는 것은

나의 주특기이자 습관이기도 하다. 문학청년이었던 대학생 시절 나는 내가 쓴 글들을 주변 선배나 후배, 동기들에게 자주 보여 주곤 했다. 국문과를 다녀서 좋은 점 중 하나는 모두가 글쓰기에 관심이 많다는 점이다. 글 쓰는 능력은 편차가 있지만 읽어내는 능력에는 편차가 별로 없었다. 좋은 글은 좋다고 하고 부족한 글은 부족하다고 느끼기 때문이다. 국문과를 선택해서 온 사람들인 만큼 나름대로 자신만의 시각이 있었다.

습작해서 주변 사람들에게 툭 건네주며 읽어 봐 달라고 할 수 있는 게 나의 무기였다. 그것은 여러 가지 부수적인 효과도 있다. 내가 호감이 가는 여학생에게는 소설 쓰는 문학도라는 멋진 이미지를 보여줄 수 있다. 글 좀 쓰는 친구에게는 혹시 내가 놓치거나 생각지 못했던 것을 찾아내서 지적해 주지 않을까 하는 기대감을 가질 수 있다.

하지만 남들에게 내가 쓴 글을 보여주려면 상당한 내공이 필요하다. 어려서부터 글을 써 왔던 문학소년, 문학소녀가 대부분이었던 우리 과 사람들은 자신의 글을 함부로 남에게 보여주지 않았다. 꽁꽁 싸매 자신만의 비밀 서재에 저장해 놓는다. 그래서는 발전이 없다. 하지만 나는 글쓰기를 늦게 시작했다. 게다가 이공계 기질을 가지고 있다. 이공계 기질인 사람은 과학적으로 증명해야만 하고 직설적이며 합리적이며 수치적이고 계량적으로 세상을 판단하려 든다. 내가 부족한 글이지만 누군가의 의견을 받아 고치면 된다는 합리적인, 어찌 보면 지극히 단순 무식한 생각을 하게 된 이유도 그런 기질 때문일지 모른다.

서툰 작품을 쑥 내밀면 그들은 꼼꼼히 읽어 보고 열심히 지적해 준다. 특히 지도교수였던 J 교수님은 새로 써서 가지고 가는 소설마다 꼬박꼬박 빨간 펜으로 첨삭 지도해 주셨다. 그분의 지도가 있었기에 나는 작가가 될 수 있었다. 시간이 흐르자 가져가는 글마다 빨갛게 피바다가 되어 돌아왔던 원고의 붉은색 부분이 조금씩 줄어들기 시작했다. 그렇게 점점 흐려지더니 나중에는 한두 글자만 고쳐서 돌려주시는 것이 아닌가.

"응모 한번 해 보지?"

그때부터 나는 더 이상 교수님께 소설을 보여드리지 않았다. 하산한 거다. 이후 닥치는 대로 응모했고, 닥치는 대로 떨어졌다.

내 글을 주변에 보여 주는 것, 그것은 나의 시행착오를
줄여주는 일이다.

가끔은 자존심 상해서 어떻게 자기가 쓴 글을 후배한테
보여 주냐고 하는 사람들이 있다. 잘못된 생각이다. 글은
내가 아니다. 남들이 나의 글을 지적하는 것은 나를 비난
하는 것이 아니다. 글의 잘못을 집어내 지적하는 것은 내
가 부족한 사람이라고 하는 게 아니다. 나의 글이 아직 덜
익었다는 뜻일 뿐이다. 인격은 도야(陶冶)하기가 힘들고
성격은 고치기가 힘들다. 하지만 꼭 불가능한 건 아니다.
고칠 수 있고 나아질 수 있다. 수없이 지적받고 고치며 지
적사항을 뼈에 새기면 된다.
가끔 합평 수업을 할 때면 남들이 자기 작품을 도마 위
에 올려놓고 칼질하는 게 무서워서 못 들어오겠다고 하는
학생이 있다. 하지만 역으로 돈도 안 받고 읽어 주고 가르
쳐 주는 것을 고맙게 여기는 사람도 있다. 남의 의견을 감

사히 받지 않는 사람은 작가가 될 수 없다.

내가 운영하는 글쓰기 교실(제자를 키우기 위해 죽을 때까지 운영할 생각이다)에서 수업 시간에 써온 글에 대해 지적하면 가끔 특이하게 반응하는 사람이 있다.

"여기서 주인공이 왜 갑자기 이런 행동을 하죠? 주인공 직업이 뭐죠?"

"그건 말이죠, 선생님. 주인공이 이때 확 돌아버리는 겁니다. 애인이 변심하니까 그렇죠. 왜 안 그렇겠어요? 게다가 직업이 정육점 사장이니까 손에 잡히는 대로 칼을 들고 나선 거죠."

몇 가지 지적을 했더니 그 사람은 나에게 극구 설명하려 든다. 설명을 하면 왜 그렇게 썼는지 납득이 된다. 그러면 나는 다시 이렇게 말한다.

"설명해 주면야 이해는 하겠는데, 이 책이 나중에 백만 부가 팔려서 이 책을 읽은 사람들이 백만 번의 이메일을 보내거나 전화를 걸어오면 그때마다 일일이 설명해 줄 거예요?"

그의 얼굴이 붉어진다. 글은 그 자체로 완성되어야 한

다. 한 마디도 더 설명할 필요가 없어야 한다. 읽고 나서 완전하게 납득되어야 한다. 얼굴도 보지 않고, 만난 것도 아니니 당연히 보충 설명을 할 수 없지 않겠는가. 그래서 글은 쓰기 어렵고, 누군가의 지적이 필요하다. 글만 읽고도 납득이 되는지를 독자들이 판단하기 전에 먼저 읽고 지적해 주는 말들을 소중하게 여겨야 한다. 내 글을 남에게 자꾸 내밀어 보이는 것만이 답이다.

좋은 글이 나올 때까지 읽어 달라고 닥치는 대로 부탁하자. 얼굴에 철판을 깔아야 한다. 읽고 읽고 또 읽어 준 것을 고치고 고치고 또 고치면 그들의 수고로 나의 글은 점점 좋아진다. 피바다가 어느 순간 맑고 깨끗해지는 때가 온다. 왜 감추며 왜 부끄러워하는가. 그럴 바에는 글을 쓰지 않는 것이 더 낫다. 내 글이 여러 사람에게 읽혀서 좋아지도록 만드는 글쓰기 관종이 되자.

가슴 속 풀리지 않는

응어리는 간직해라

"어머니나 아버지 이야기를 쓰기 시작하면 작가로서는 끝난 거야."

시인 P 선생이 함께 식사하는 자리에서 소설 쓰는 나에게 한마디 했다. 당시《아버지》라는 소설이 베스트셀러를 기록할 때였다.

"어째서 그렇습니까?"

"누구에게나 어머니 아버지가 있고, 그 어머니 아버지

에 대한 애틋한 사연도 간직하고 있잖아. 그런 걸 글로 쓰면 독자들의 심금을 울릴 수 있지. 하지만 작가가 그다음 작품은 안 쓰나? 가장 센 걸 터뜨려 버리면 다음 작품은 실패하게 마련이지. 그래서 오래 가는 작가들을 자세히 살펴보면 어머니나 아버지 이야기는 절대 쓰지 않아."

무릎을 치게 하는 혜안이었다.

노인이나 어른들이 자기가 겪은 이야기를 풀어내면 소설 10권도 모자란다고 말하곤 한다. 구구절절 기가 막힌 사연들을 이겨내며 참아내며 견뎌내며 살아온 것이다.

제주도에 강연하러 갈 일이 있어 비행기를 탔을 때의 일이다. 옆자리의 80대 노파와 이런저런 이야기를 나누게 되었다. 그분은 일주일에 한 번은 제주도와 서울을 오간다고 했다. 남편과 60년을 살다가 얼마 전에 먼저 보냈다고 했다. 나는 갑자기 궁금증이 생겼다.

"부부가 오래 살려면 가장 중요한 게 뭡니까?"

이렇게 물어보자 노파는 의미심장한 표정을 지으며 말했다.

"참아야 합니다."

"네?"

"내 안에 응어리를 묻어 두고 무조건 참아야 합니다."

작가도 마찬가지다. 내 안에 꼭꼭 숨겨 둔 쓰고 싶은 이야기들을 죄 풀어내지 않고 참을 줄도 알아야 한다.

특히 개인사와 가정사는 가급적 의리로 남겨 두는 것이 좋다. 까발려서 죄다 풀어내면 그다음에는 쓸 것이 없어진다. 또 가족 구성원들에게 상처가 될 수도 있다.

나 역시도 강연에서 가끔 부모님 이야기를 하긴 하지만 아직 깊은 개인적 상처만은 글로 표현하지 않았다. 많은 비밀을 감추고 있는 작가인 셈이다. 그런 이야기들은 마치 비수와 같아 언제든 꺼내면 누가 됐든 베이게 마련이다. 그게 나나 혹은 독자일 수도 있다. 그래서 쓰지 않는다. 한번 써 버리면 다시는 쓸 수 없고, 그보다 더 강한 무기를 찾아낼 수도 없다.

자신만의 목소리를 내고 자신의 스토리를 오래도록 들

려주고 싶은 것은 모든 작가의 로망이다. 그러나 이야기를 만들어 내고 상처를 계속 후벼 파게 만드는 창작의 근원인 마음속의 그것, 단 하나의 이야기는 감춰 두어야 한다. 꺼내서 공개하기 두려운 그 이야기만은 간직하고 있어야 한다. 그 비밀을 품고 있어야만 아이언맨이 아크 원자로를 가슴 속에 품고 있듯 나의 창작 욕구가 샘솟는다. 그 이야기는 쓰지 못하지만 그 언저리의 이야기는 얼마든지 확대 재생산할 수 있다.

'그 이야기는 언제든 쓸 수 있다. 언젠가는 쓸 거야. 쓰기만 하면 너희들 다 죽었어!'

이런 비장한 각오가 계속해서 내게 글을 쓰게 한다.

마음속 이야기를 독자들에게 전달해야 하지만 모든 것을 다 까발리지는 말자. 이는 마치 핵무기를 보유한 나라가 핵을 보유하고 있다는 것만으로도 힘을 가지는 것과 마찬가지다. 하지만 그걸 터뜨리는 순간 모든 건 끝난다.

독서 시간을
확보하라

"여보. 이 책 좀 치워."

화장실에 들어갔던 아내가 두 권의 책을 들고나왔다. 화장실 청소할 때 물에 젖으니 화장실에다가는 책을 놓지 말라는 거였다. 나는 말없이 책을 받아서 서재로 옮긴다. 서재는 이미 발 디딜 틈 없이 책들이 꽉꽉 들어차 있고 여기저기 널브러져 있다. 어디 그뿐인가. 잠시만 방심하면 집 안 곳곳에 책들이 좀비처럼 자리를 잡는다.

가끔 사람들이 나에게 책은 언제 읽느냐고 묻는다. 그렇게 강연을 많이 다니고 그렇게 책을 많이 쓰는데 책 읽을 시간이 있느냐는 것이다. 대답은 이거다. 책 읽을 시간은 얼마든지 있다.

나는 화장실에서도 책을 읽고, 잠자기 전 침대 머리맡에 책을 두고 자기 전까지 읽으며, 거실에도 읽는 책이 따로 있다. 어디 그뿐인가. 차 안에도 책이 있고 내가 가는 곳, 내 손이 닿는 곳마다 책들이 날 기다리고 있다.

시간이라는 것이 그렇다. 연속적으로 흐르는 것 같지만 중간중간 마디가 생긴다. 예를 들어 재미있는 드라마를 보려고 자리에 앉으면 광고가 나온다. 광고를 견뎌야 내가 보고 싶은 드라마를 볼 수 있다. 사람을 만날 때도 그렇다. 아무리 촘촘하게 약속을 잡는다고 해도 상대방이 늦게 오기도 하고 내가 먼저 가 있을 수도 있다. 물론 중요한 것은 사람을 만나는 그 시간이지만 남는 자투리 시간 10분, 5분 또한 그냥 흘려보내기에는 너무 아까운 시간이다.

나는 강연을 하러 갈 때 최소 30분 전에는 도착하려고 애를 쓴다. 툭하면 정체되는 교통 상황 때문에 서두를 수밖에 없다. 하지만 운 좋게도 교통 상황이 원활하면 1시간 전에 도착할 때도 있다. 그럴 때 주어진 한 시간은 선물과도 같은 시간이다. 그럴 때면 책을 읽거나 원고를 쓴다. 물론 책을 읽는 것이 가장 좋다. 언제 어디서든지 펼쳐서 읽을 수 있기 때문이다. e북을 노트북이나 아이패드로 읽는 것이 좋다고 하는 사람도 있지만 전원이 필요하고 배터리가 다 되면 무용지물이 되기 때문에 나는 종이책을 선호한다. 순식간에 페이지를 넘겨서 내가 원하는 것을 찾아내거나 앞뒤로 넘나들며 읽을 수 있는 종이책은 그 어떤 것도 따라갈 수 없다. 물에 빠져도 책은 읽을 수 있다. 그래서 산지사방에 책을 쌓아 놓고 읽는다.

물론 그렇게 자투리 시간에 책을 읽다 보면 집중해서 보기는 어렵다. 쪽 독서가 되고 만다. 연속적으로 읽어내기가 힘이 든다. 하지만 어차피 책에 있는 지식을 모조리 내 것으로 만들 수는 없다. 책을 많이 읽는 사람들은 속독을 하곤 하는데 간혹 속독하는 이유를 궁금해 하는 사람이 있다. 그 이유는 간단하다. 책에 있는 지식을 100이라고 한다면 그 책을 읽기 전 나의 상태가 0이 아니기 때문이다. 0에서 100으로 읽는 경우는 없다. 대개 우리가 책을 읽을 때는 이미 알고 있는 지식이 7~80은 된다. 그 상태에서 나머지 2~30을 더 얻기 위해 책을 읽는 것이다. 그러니 자투리로 읽어도 내가 그 책에서 취할 것들은 금세 얻을 수 있다. 책을 읽는 동안 새로 읽혀야 할 것에 밑줄을 긋고 메모해서 내 것으로 만들면 된다. 통으로 올인할 필요가 없다. 정색하고 독서에 시간을 따로 할애하려 하지 말라는 것이다.

가끔 어떤 부모들은 자녀가 너무 빨리 책을 읽어 걱정이라고 하는데 나는 오히려 좋은 습관이라고 말해 준다. 많이 아는 아이들일수록 더 빨리 읽는다. 새로 읽는 책이라지만 수많은 편집과 인용과 복제에 의해서 들었던 이야기들이 계속해서 나오기 때문이다. 그런 것들은 건너뛰어도 무방하다. 심지어 우리 아들은 어렸을 때 5분 만에 책 한 권을 다 읽었다! 어떻게 5분 만에 책을 다 읽었냐니까 아는 내용이어서 그림만 봤단다. 그림은 처음 보는 거라서 그것만 훑어보았다니 할 말이 없었다.

그림이든 글자든 새로운 것을 받아들이는 데 충실하면 독서의 임무를 다하는 거다. 독서는 그렇게 하는 거다. 그러니 머리맡과 침대, 소파, 화장실에 책들이 널브러져 있을 수밖에.

언제 어디서든 새로운 이야기를 나의 머릿속에 집어넣어야 한다. 신문도 좋고, 광고도 좋고, 잡지도 좋다.

글이 모이는 습관도 흡사하다. 글 쓰는 자는 새로운 지식과 정보에 늘 목말라 해야 한다. 그래야 내가 알고 있는 지식에 새로운 것을 조금 보태 독자들에게 제공할 수 있기 때문이다.

경쟁자로 만들어라

롤모델을

　나는 어려서부터 글쓰기에 관심이 있었던 사람은 아니다. 그저 책을 많이 읽고 그림 그리는 걸 좋아하며 다양한 분야에 호기심이 많은 학생이었다. 그랬는데 중학교 2학년 때 큰 충격을 받았다. 겨울 방학 숙제로 문집을 만들어 내라고 했다. 국어 숙제였는데 글과 그림 등으로 개인 문집을 만들어 제출하라는 것이 었다. 지금 생각하면 참으로 낭만적인 과제였다.

나는 시와 수필을 흉내 내듯 쓴 뒤 그림까지 그려 넣어 문집으로 묶어서 제출했다. 나름 최선을 다했다고 생각했는데 개학 후 나보다 더 문집을 잘 만든 녀석이 있었다. 그 녀석은 K라는 친구였다. 수업에 들어오시는 선생님마다 녀석을 칭찬했다. 녀석이 만든 문집을 보며 감탄에 감탄을 금치 못했다고 입에 침이 마르게 칭찬하는 거였다.

그때부터 나는 글 쓰는 게 꿈이 아니면서도 녀석이 저만치 높은 봉우리에 있는 것처럼 마음속 한자리를 차지해 버렸다. 어떻게 하면 저렇게 멋지게 글을 쓸 수 있을까? 나도 저렇게 잘 쓰고 싶다! 하지만 그때까지만 해도 글쓰기는 나의 관심사가 아니었다.

그런데 우연인지 필연인지 이과로 가서 의대에 진학하려고 했는데 장애인은 의대 입학이 허용되지 않는다는 거였다. 우여곡절 끝에 나는 국문과에 진학하게 되었다. 국문과에 들어온 학생들이라고 뭐 그다지 감동적일 만큼 글을 잘 쓰는 것 같지도 않았다. 그런데 그해 여름 방학 때 3학년 과대표였던 선배가 전 국문과 학생들에게 엽서 한 장씩을 보냈다. 거기에 쓰여 있는 표현이 기가 막혔다.

공기에 체하며 지내고 계신 건 아니십니까?

공기에 체하다니. 얼마나 숨을 들이쉬면 공기에 체할 수 있을까. 역시 국문과는 글 잘 쓰는 사람들이 오는 곳이 구나 하는 생각이 들었다. 그때 이후 나도 분발해야지 하며 말과 글에 더 관심을 기울여 나갔다.

그렇게 학업을 이어 나가며 대학원까지 들어갔는데 충격적인 소식이 들려왔다. 한양대학교 국문과를 다니고 있던 K가 〈조선일보〉에 시로 등단했다는 것이 아닌가. 어린 나이에 시인으로 인정받다니 놀라운 일이었다. 물론 녀석과 내가 가는 길은 달랐다. 나는 소설가를 꿈꿨지만 글 잘 쓰는 사람들이 주변에 있다는 것은 늘 자극이 되었다.

우리 과 여학생들의 독특한 표현과 뛰어난 글솜씨도 내게 많은 자극이 되었다. 그런 환경 속에서 나도 글을 잘 쓰고 싶다는 생각이 들었고, 롤모델들을 영접했다. 소설가 이문열의 《사람의 아들》을 읽을 때도 그랬고 황석영의 《객지》를 읽을 때도 마찬가지였다. 박경리의 《토지》를 읽거나 김주영의 《객주》, 조정래의 《태백산맥》 등을 탐독하면서도 그들처럼 좋은 글을 쓰고 싶다고 생각했다.

글 쓰는 능력이 향상되려면 내 안에 롤모델이 있어야
한다.

아니 경쟁자가 있어야 한다. 그것도 아니라면 시샘할
만큼 뛰어난 사람이 주변에 있어야 한다. 질투와 시샘은
강한 에너지를 필요로 한다. 잘된 글을 읽고 샘을 내는 것
이야말로 글이 모이는 좋은 습관 가운데 하나다. '나는 이
렇게 못 써'가 아니라 '나는 언제 이렇게 쓸까?'라는 마음
이 있어야 발전할 수 있다.

그 뒤 K는 한양대학교 교수가 되었고, 오랜 시간이 흐
른 뒤 다시 만나게 되었다. 자신이 심사위원으로 참여하는
D 대학교 백일장에 나를 초대했던 것이다. 그리고 학생들
이 쓴 글을 심사하는 동안 내게 특강을 해 달라고 부탁했
다. 그렇게 우리는 수십 년 만에 다시 만났고, 그는 자랑스
럽게 나를 심사위원들에게 소개했다. 중학교 때 친한 동
창이었다고.

남는 시간에
영화라도 봐라

　인간에게 주어진 시간은 똑같이 24시간이다. 이것이야말로 절대 불변의 평등이다. 누구도 25시간이 주어진 사람은 없다. 한마디로 우리에게는 삶을 멋있게 꾸밀 수 있는 자본금이 매일 24시간만큼씩 들어오는 셈이다. 이 자본금을 어떻게 쓰느냐에 따라 나의 삶이 성공적인 투자가 되기도 하고 실패한 투자가 되기도 한다.

　이걸 성공지상주의라고 말하는 사람은 어리석은 사람

이다. 내게 주어진 시간을 내가 알아서 잘 활용하는 것은 성공과는 아무런 상관이 없다. 내 삶을 충실하게 꾸미고 아름답게 가꾸는 것을 누가 성공이라고 말하는가? 신혼 부부가 집을 새로 얻어 예쁘게 꾸미겠다는데 말릴 사람이 누가 있겠는가. 그와 마찬가지로 나에게 주어진 24시간을 촘촘하게 아껴서 쓰는 것은 나의 권리이고 그 누구도 침범할 수 없는 나만의 영역이다.

글 쓰는 사람은 시간이 많이 남아돌 수 있다. 글이라는 게 늘 잘 써지는 게 아니기 때문이다. 잘 써질 때도 있지만 한 글자도 못 쓸 때도 있다. 대개 어리석은 작가들은 글이 쉬 써지지 않으면 방황을 한다. 방황의 시간은 낭비의 시간이 되는 경우가 많다.

하지만 나는 방황할 시간이 없다. 글이 잘 안 써지면 책을 읽고, 책도 머리에 잘 들어오지 않으면 영화를 본다. 보고 싶은 영화를 볼 수 있는 방법은 너무나 많다. 요즘은 IPTV나 넷플릭스에 가입해 볼 수 있고 웹 사이트나 유튜브에서도 얼마든지 콘텐츠를 다운받아 볼 수 있다. 세상에는 어쩌면 그렇게 많은 영화가 있는지. 늘 콘텐츠에 목

말라하는 글쟁이들에게는 최고의 선물이다.

내가 대학을 다니던 시절 우리 동네에 소극장이 들어왔다. 건물 지하에 자리한 작은 소극장이었는데 지금 생각해도 어떻게 주택가 한복판에 그런 영화관이 들어올 수 있었는지 알 수가 없다. 어쨌든 영화를 좋아하는 작가 지망생인 나에게는 최고의 장소였다.

게다가 이 영화관은 두 편의 영화를 동시에 상영했다. 그때부터 토요일 오전에는 영화관엘 갔다. 영화 두 편을 보고 나면 오후 1시 가까이 되었다. 오전 내내 영화를 보고 오면 어머님은 싫어하셨다. 대학 다니는 아들놈이 영화나 보러 다니는 것이 마땅치 않으셨던 것이다.

그러나 비가 주룩주룩 내리는 듯한 화면에서 나오는 영화를 보면서 나는 시간을 때웠다기보다는 이야기들이 어떻게 전개되는가를 고민하고 공부했다. 뒤통수를 치고 반전이 있는 영화들, 그런 스토리들을 만들기 위해 시나리오 작가들은 얼마나 고민했을까. 남의 일 같지 않았다. 게다가 동시상영용으로 만드느라 영화를 짧게 편집해 스토리가 난해한 것도 많았다. 그러면 나는 비어 버린 내용을 상상으로 이어 붙여야만 했다.

그때 봤던 영화들은 지금까지도 뇌리에 남아 있다. 지금도 이야기를 쓰거나 새로 무언가를 구성해야 할 때면 그때 접했던 수많은 모티브와 스토리와 사건들이 왕왕거리며 내 머릿속을 떠돈다. 인간의 욕망은 어떠한지, 호기심은 무엇인지, 사건은 어떤 식으로 전개되는지 다양한 케이스들의 영화가 내 글을 뒷받침해 주는 것이다. 베르나르 베르베르를 취재했던 기자가 그의 서재에는 책은 한 권도 없고 엄청난 양의 DVD만 꽂혀 있다고 했다. 심지어 베르나르 베르베르는 다른 사람이 쓴 책은 보지 않고 영화만 본다고 한다.

영화만으로도 얼마든지 글이 나올 수 있다. 영화의 출발 역시 글이기 때문이다. 시간 때우기로 영화를 보더라도 항상 메모하고 기록해야 한다. 나에게 가장 많은 영향을 끼친 문화 영역은 영화다. 영화 속 사건, 영화 속 인물, 그들의 표정과 생각과 느낌, 그들이 쓰는 도구, 당시의 풍경 등을 생생하게 보여주니 영화는 한 마디로 백과사전이나 마찬가지다. 고증이 안 된 영화라면 스토리를 보면 된다. 고증이 잘 된 영화는 잘 된 대로 배우고 익혀서 나의 글에 옮겨 오면 된다.

영화야말로 글 쓰는 사람들에게는 밑반찬과도 같은 존재다.

오늘도 영화 한 편 보러 가야겠다. 나의 거실로.

흡혈귀가 되어라

이야기

코로나가 창궐하던 2020년 6월 모처럼 아산 평생학습관에서 강연이 있는 날이었다. 그런데 전날 우연히도 천안에서 전자제품 대리점을 하는 초등학교 동창 K가 서울에 올라갈 테니 밥 한번 먹자고 하는 게 아닌가. 그럴 필요 없다고 하고 나는 아산에서 만나자고 했다. 그 친구는 얼씨구나 했다. 가까운 곳에서 만날 수 있어 좋았던 거다.

강연이 끝나고 막 마스크를 쓰고 있는데 K가 나타났다.

반갑게 조우한 뒤 그 녀석의 차를 따라 맛집을 찾아 출발했다. 낯선 곳이라 빙빙 돌다 우리는 한 칼국수 집으로 들어가 자리를 잡고 앉았다. 우연히 들어간 집치고는 분위기도 좋고 장애인 편의 시설도 잘되어 있었다. 칼국수를 시켜 먹은 뒤 커피까지 서비스로 마시며 K와 이야기를 나눴다. 오랫동안 전자제품 대리점을 한 녀석이라 별별 사람들을 다 만나기 때문에 이야기가 끊이지 않았다.

"야, 재밌는 이야기 없어?"

"재밌는 이야기야 늘 있지."

그러면서 녀석은 이 더운 여름날 전자제품 매장에 있는 15대의 에어컨 가운데 3대가 망가진 사연을 이야기하기 시작했다.

주차장 쪽에 에어컨 실외기가 있는데 젊은 친구들이 지나가다 실외기에 담배꽁초를 던지는 바람에 화재가 일어났다는 것이다. 그 시간에 매장 직원들이 열심히 장사하라고 사장인 자신은 슬쩍 자리를 피해 당진 바닷가에서 낚시를 하고 있었단다. 생전 처음 해 보는 좌대 낚시에서 우럭을 3마리나 낚으며 낚시 재미에 푹 빠져 있는데 갑자

기 매장에 불이 났다는 연락을 받고 헐레벌떡 달려갔다고
한다. 가서 보니 실외기의 불은 모두 껐는데 매장에 냉방
이 되질 않아 직원들이 땀을 뻘뻘 흘리고 있더라는 것이
다. 그러니 손님들은 들어올 리 없고 그날 장사는 완전히
망했단다.

　젊은 여자들이 담배꽁초 버리는 걸 동네 형님이 지켜보
고 있다가 알려 주는 바람에 도망가는 걸 겨우 붙잡았다
고 한다. 경찰에 신고하고 실외기를 수리하는 데 비용이
어마어마하게 나왔다. 그나마 평소 친분이 있던 에어컨 설
치 기사들이 도와주겠다고 하면서 300만 원짜리 중고 실
외기를 사라고 알려줬단다. 부품을 찾기 위해서 인력을 총
동원하고 수리 대기 중이라고 하면서 나머지 기계를 최고
로 돌려 가까스로 냉방을 해 장사를 했다는 이야기였다.

　"야, 그거 재미있다. 소설의 한 장면으로 쓰면 좋겠는
데. 다른 이야기는 없냐?"

　내가 진지하게 들어주자 녀석은 건물주가 엄청난 부자
인데 절대 임대료를 깎아 주지 않는다는 등 사람들이 살
면서 쉽게 겪을 수 없는 희한한 이야기들을 고구마가 넝

쿨째 끌려 나오듯 해 주었다.

나는 메모까지 해가며 녀석의 이야기에 열심히 귀 기울였다. 깜짝 놀랄 만큼 재밌는 이야기는 아니었지만 살아가는 게 어떤 것인지, 얼마나 많은 시련을 헤쳐 나가야 하고, 문제가 터지면 해결하려고 얼마나 죽기 살기로 노력해야 하는지 알 수 있었다. 내가 전자제품 대리점을 운영할 수 없기에 그들의 이야기를 수집하고 축적해 놓아야 한다. 그 이야기가 언제 내 작품 주인공의 이야기가 되어 등장할지 알 수 없기 때문이다. 하다못해 지나가는 에피소드로라도 등장할 수 있지 않겠는가.

내 수첩에는 내가 들은 이야기 중 재미있다고 여겨지는 이야기들이 수백 수천 개가 메모되어 있다. 깎거나 갈지 않은 보석이고 원석이다. 언제고 이 이야기는 가공되어서 내 작품에 등장할 것이다.

글을 쓰려는 자는 스토리 흡혈귀가 되어야 한다.

사람은 누구에게나 자기만의 스토리가 있다. 책으로 낼

수도 있고, 강연을 해 사람들에게 들려줄 수도 있다. 스토리가 백만 개라면 우리에게 알려진 것은 한두 개뿐이다. 나머지 99만 9천 개 이상의 스토리는 없어지고 묻히고 사장된다. 그 이야기들을 내가 살려내야 한다. 내 것으로 만들어야 한다. 인간은 누구나 이야기를 듣고 싶어 하고, 하고 싶어 하는 본능이 있다. 자기 경험을 남들과 나누고 싶어 한다. 선한 본능이다.

이걸 적극적으로 이용하는 자들이 나 같은 스토리 흡혈귀다. 그래서 내 친구들은 재밌는 얘기를 하다가도 내가 글로 쓸까 봐 경계한다.

"너 이 얘기 글로 쓸 거지?"

"당연하지."

"하하하!"

그러면 더 신나서 이야기를 들려준다. 자기 이야기가 글로 남겨지는 걸 싫어할 사람은 거의 없다. 앞으로 친구를 만나거나 대화를 하게 되면 상사의 뒷담화나 푸념이나 억울함을 들으며 지루해할 필요 없다. 그건 그들의 스토리를 듣고 기록하고 내 것으로 뽑아 먹을 정말 좋은 기회다. 말하는 사람도 즐겁고 듣는 나도 재미있다. 얼마나 생산적이고 기쁜 일인가. 친구를 만날 때면 뭐 재밌는 이야기 없냐고 물어보는 것을 습관으로 삼자. 작가가 되고 글을 쓰고자 하는 이들에게는 새로운 이야기를 들을 기회를 놓치지 않는 건 기본이어야 한다.

남들 만나서 내 얘기 하려고 애쓸 필요 없다. 나는 그들의 이야기를 들어주기만 하면 된다. 내 이야기는 글로 쓰면 된다. 내 이야기를 듣고 싶은 사람은 그 책을 사 봐야만 할 것이다.

PART 4

Technique

편집과
인용의 묘미

　모교 도서관에서 가장 많이 책을 쌓아 놓고 공부하는 사람은 나였다. 대학원을 다니고 석사, 박사 과정을 마치면서 논문에 대한 압박은 가히 장난이 아니었다. 논문만이 아니다. 대학원 수업에서 이루어지는 세미나 형태의 수업 방식은 반드시 발표와 토론이 필수다. 순번대로 돌아가며 발표해야 한다. 발표라는 것이 리포트를 써서 사람들 앞에서 자기 뜻을 밝히는 일이다. 당연히 편집과 인용이 필요하다. 그래서 발표 과제가 생기면 도서관에 가서 참고자료를 있는 대로 찾아 책상에 쌓아 놓는다.

요즘 책에는 잘 없지만 옛날 책에는 색인이 꼭 붙어 있었다. 색인에서 관련 용어를 찾아 페이지를 들춰 읽고 필요한 것들은 뽑아서 내가 쓰는 논문이나 리포트에 인용이나 각주로 넣어야 한다. 기존 연구를 바탕으로 정리하는 과정을 거치다 보면 지식이 쌓여 나만의 창의적인 견해가 돌출된다. 이건 논문만이 아니라 개발, 기획, 기안 등 모든 연구 분야가 거쳐야만 하는 필수과정이다. 한마디로 이야기하면 현대 사회를 살아가는 지식인이나 인문학 관련 종사자들이라면 편집과 인용의 달인이 되어야 한다. 자칫하면 표절이 될 수 있지만 적절하게 쓴다면 내 글의 설득력을 높여준다.

편집과 인용이야말로 나의 의견과 주장을 밝히는 뿌리요 거름이고 밑받침이다.

흔히들 이야기한다. 가설은 과감히, 논증은 치밀히. 그

논증 과정에서 편집과 인용은 필수다. 편집과 인용이라는 사다리로 과감하게 이상과 비전을 실천할 수 있다고 해도 과언이 아니다. 하지만 내가 공부하던 시절엔 요즘같이 컴퓨터가 대중화하거나 자료가 전산으로, 혹은 e북으로 쌓여 있는 시절이 아니었기 때문에 책을 읽고 그저 옆에 있는 카드에 옮겨 적는 게 최선이었다.

당시 인용과 편집을 위해 가장 많이 이용했던 것이 카드였다. 카드에 제목을 적고 출처를 적은 뒤 출처의 쪽수까지 모두 옮겨 적어 놓았다. 때로는 자료를 복사해서 잘라 붙이기도 했다. 도서관 복사비는 비싸다. 그 돈을 또 아끼겠다고 짧은 것들은 직접 옮겨 적었다. 하지만 적는 동안에 내 것이 된다. 진정한 독서와 갈급한 탐구는 글을 쓰기 위한 필요다. 그래서 글쓰기는 독서를 유발하고 탐구를 불러일으키며 남의 이야기를 경청하게 만든다.

남의 이야기를 듣지 않는 자들이 쓴 글은 얼마나 졸렬한가. 남의 말을 잘 듣고 수긍하며 때로는 반박하고 때로는 비판하는 자여야만 좋은 글을 쓸 수 있다. 누군가 내 얘기를 아무런 반박 없이 잘 들어준다면 그는 나의 적이거나 영혼 없이 들어주는 자일 가능성이 높다. 적들은 나의 이야기를 열심히 들어준다. 나의 바닥을 긁어내 자기 것으로 만들기 위하여.

아무튼 이렇게 모인 카드들을 차곡차곡 쌓아 놓으면 마치 내가 읽은 책들의 정수만을 뽑아낸 것 같아 흐뭇해진다. 박사 논문을 쓸 때 내가 모아둔 카드만 라면 상자로 거의 하나 가득이었다. 하지만 정작 논문을 쓸 때 필요한 자료는 그 카드의 10분의 1도 되지 않는다. 그 10분의 1을 위해 10배 이상 카드 목록 작업을 하고 메모를 하고 좋은 대목을 뽑아내야 한다.

요즘은 작업 환경이 많이 바뀌었다. 앱으로 문서를 스캔할 수 있고 웬만한 자료는 다 디지털화했기 때문이다. 이제 웬만한 자료는 인터넷에서 찾을 수 있고 복사해서 따다 붙이기도 용이해졌다. 그렇다고 우리들의 지적 수준이나 탐구 수준이 더 깊어졌다는 얘기는 들은 바가 없다. 나는 여전히 메모를 한다. 신문이나 책을 읽을 때는 물론 남의 이야기를 들을 때도 끊임없이 메모를 한다. 편집과 인용을 하기 전에 내 것으로 만들기 위해서다.

그 뒤 나는 학교를 떠났고 교수가 되지 못했다. 하지만 학교에서 배운 방법론과 연구와 발표와 창의성과 인용과 편집은 모두 나의 무기가 되어 나의 글쓰기에 적용하고 있다. 컴퓨터를 능수능란하게 쓰고 인터넷에서 편집하는 것도 잘하지만 여전히 그것으로는 커버되지 않는 자료들이 있다. 오래된 논문이나 저서들은 달리 방법이 없다. 그것들을 이용하려면 옆에다가 세워 놓고 잘 보이지 않는 눈을 찡그리며 직접 입력해야 한다. 조금 머리를 쓴다면 밑줄 쳐놓고 알바생을 구해서 입력해 달라고 할 수도 있을 것이다.

제일 좋은 것은 시간 날 때마다 소중한 자료들을 적어서 내 것으로 만드는 습관이다. 그러기 위해서는 항상 손이 닿는 곳에 필기구와 메모지가 있어야 한다. 메모지는 스프링으로 묶여져 있는 것이 좋다. 아무 데나 끄적거렸다간 반드시 잃어버리게 되어 있다.

하지만 요즘은 인공지능 시대! 더 이상 손으로 쓰고 베낄 필요가 없다. 아니 베낄 필요가 없다고 단언할 건 아니다. 여전히 아날로그는 존재하니까. 스캐너 앱을 다운받아서 사용하면 무척 유용하다. 늘 손에서 놓지 않는 스마트폰으로 필요한 자료나 원하는 텍스트가 있으면 바로 스캔할 수 있다. 이 얼마나 멋진 세상인가. 입력된 자료를 마음대로 보내고 받고 원하는 매체로 전송하여 편집해서 붙여쓸 수 있다. 가끔 옛날 자료를 복원하겠다며 알바생을 구하는 사람도 있는데 그들에게 나는 이 간편한 앱을 알려준다. 얼마 전까지는 무료였는데 요즘은 소액의 사용료만 내면 1년 내내 쓸 수가 있다.

언제 어디서든 들고 다니는 스마트폰이 글쓰기에도 유용한 도구가 되어 준다. 적극 활용하여 나의 지적 자산을 확보하는 습관을 들이도록 하자. 오가다가 발견한 좋은 구절과 좋은 문구들이 나의 손안에 가득 차 있다면 어느 순간 당신도 글이 쓰고 싶어질 것이다. 그것들을 인용하고 편집하고 내 생각을 덧붙여서 아니, 그것들로 인해서 나의 새로운 생각이 꾸물꾸물 피어오르니 당최 배겨낼 수가 없을 것이다.

뒤집어보고 짜맞추고 휴식해라

글을 쓰다 보면 다양한 아젠다와 명제를 만나게 된다. 대개는 그럴듯하다. 하지만 깊이 파고 들어가다 보면 허술하기 짝이 없다는 것을 발견하게 될 때가 있다. 특별한 것을 일반화하거나 서툴게 보편화한 명제인 경우가 그렇다. 그런데 우리는 흔히 그러한 보편적인 명제에 속는다. 여자들은 이래, 남자들은 저래. 장애인들은 어때…. 이런 한두 가지 단편적이고 자극적인 사실들을 가지고 섣부르게 일반화한 명제는 무척 많다.

　여자의 적은 여자야.

　얼핏 들으면 그럴듯하다. 하지만 여자의 적이 어찌 여자뿐이겠는가? 이 세상 모두가 여자의 적이며 스스로도 적이 아니겠는가? 세상 만물이 보기에 따라, 적이라는 개념에 따라 적이 되는 것을.

　장애인은 모두 다 삐뚤어졌어.

　이런 표현은 편견이고 차별이라고 거센 항의를 받을 수 있다. 물론 일부 삐뚤어진 사람도 있을 수 있다. 장애인도 사람이기 때문이다. 하지만 모두 다 비뚤어졌다고 표현하는 것에는 문제가 있다. 그걸 그대로 받아들이는 것은 글 쓰는 자의 올바른 태도가 아니다.

　일제의 잔재를 청산하자.

어렸을 때 학교 복도에는 좌측통행이라고 쓰여 있었다. 아무 생각 없이 과거에 해 왔던 관습대로 좌측통행을 했다. 일제강점기의 잔재인 것이다. 그런데 어느 날 우측통행으로 바뀌었다. 우리나라는 자동차도 우측통행을 하기 때문이다. 사람도 우측통행, 자동차도 우측통행을 하지만 기차는 여전히 좌측통행이다. 기찻길을 바꾸는 건 쉬운 문제가 아닌 모양이다. 일제강점기 때 시설을 그대로 이용하다 보니 그럴 수밖에 없다.

아젠다나 구호나 모토라는 것은 논리의 칼날을 들이대면 모두 다 허술하기 짝이 없다. 그런 것들에 나의 인식을 맡겨선 안 된다. 다시 한번 생각하고 비틀어 볼 필요가 있다.

아내는 가끔 나에게 잔소리를 한다.

당신은 치사하고 더러워.

그럴 때도 있다. 하지만 늘 그런 것만은 아니다. 아내가 그렇게 얘기했을 때 아니라고 하면 그 순간 싸움이 일어난다. 싸움을 피하기 위해서는 입을 다물어야 하지만 나는 반대로 한다.

"맞아. 나는 치사하고 더러워."

사람이기 때문에 먹고 살기 위해 그럴 때도 있다. 왜 없겠는가. 책 한두 권 더 팔기 위해서 치사하고 더러운 짓도 많이 했다. 틀린 말도 아니다. 그러다 보니 묘한 쾌감도 생긴다.

'그렇지. 치사하고 더러운 거 그게 삶이지.'

순간 나는 메모지를 끌어당겨 치사하고 더러운 삶이라고 써둔다. 글쓰기란 바로 그런 것이다. 안정적인 걸 이리저리 비틀어 보는 것이다. 이런 면에서 개그맨들은 매우 선구적이다. 꺼진 불도 다시 보자. 꺼져 있는데 왜 보냐? 이런 식으로 비튼다. 거기에서 웃음이 터지는 것이다. 통념을 깨기 때문에 쾌감을 준다.

글 쓰는 습관은 남들이 맞다고 하고 옳다고 하는 명제와 아젠다들을 의심하고 뒤집고 반대로 헤집어 보는 일이다.

'손으로 만지지 마세요'라고 쓰여 있는 전시물을 발로

만지거나 혀로 핥아 보는 아이도 있다. 왜 그러냐고 했더니 손으로만 안 만지면 되는 거 아니냐고 한다.

고인이 된 개그맨 김형곤이 했던 개그 중에 이런 것이 있었다.

교회 목사님한테 가서 술집에 나가는 여자가 물었다고 한다.

"목사님. 저는 술을 마시다가 기도가 하고 싶으면 기도를 해요. 죄인가요?"

목사가 말했다.

"아니요 열심히 기도하세요. 하나님께서 용서하실 겁니다."

그러자 여대생이 다가가 말했다.

"목사님 저는 기도하다가 술이 마시고 싶어져요."

"이런 사악한 사탄아! 물러가라!"

보는 시각에 따라, 관점에 따라 사실이 바뀌고 왜곡된다는 것이다. 시각과 관점에 따라 틀어 보고 뒤집고 엎어치고 하는 것이 글쟁이들의 습관이다. 이런 습관 없이 정해진 대로, 남이 말해 준 대로, 통념대로, 관념대로 따르려

한다면 글쓰기를 관두는 것이 낫다. 글쓰기는 나를 지켜 주거나 세상을 바꾸는 데는 별로 쓸모가 없을지 모르지만 최소한 내 두뇌를 남에게 내줄 일은 없게 해 준다.

반전은 곧 상상력이다

"이불은 덮지 말라고 하고 방에서 자게 해 준 건데 왜 이불을 꺼내서 덮었어?"

일영의 어느 시골 농가에서 우리는 아침 댓바람부터 주인 노부부에게 야단을 맞고 있었다.

그 전날 우리는 일영의 들판으로 MT 겸 캠핑을 하러 갔다. 우리는 늦가을 날씨를 우습게 보고 무모하게도 모닥불을 피워 놓고 노숙을 하려고 했던 것이다. 과대표 N

군의 낭만적인 생각에서 비롯된 결정이었지만, 밤이 점점 깊어지자 우리는 바깥에서 텐트를 치고 잠을 자는 건 도저히 불가능하다는 사실을 깨달았다. 기온이 급격하게 떨어졌던 것이다. 할 수 없이 우리는 인근 농가에 민박을 청했다. 혹시 몰라 밤늦게 우리가 자러 올 수도 있다고 집주인 할아버지 할머니에게 미리 말해 두었기 때문에 그나마 가능한 일이었다.

밤 10시가 넘어 대여섯 명이 넘는 학생들이 우르르 들어가자 노인들은 자신들이 자던 안방을 내주었다. 단, 조건이 이불은 꺼내서 덮지 말고 그냥 맨바닥에서 자라는 거였다. 하긴 야외에서 뒹굴던 학생들이 옷 입은 채로 이불을 덮으면 그 뒤의 수고는 어쩐단 말인가.

뜨끈뜨끈한 방에 들어간 우리는 갑자기 몸이 풀리면서 짜부라졌다. 되는대로 뜨끈한 방바닥에 몸을 눕혔는데 시골집이라 외풍이 심했다. 공기는 차갑고 방바닥은 뜨거웠다. 밤이 깊어지자 도저히 추위를 견디지 못한 C 군이 이불장을 열더니 이불을 꺼내서 덮자고 했다.

"야, 덮어. 내일 어떻게 되든 일단 덮어."

이불을 주섬주섬 덮는데 이불 틈에 꽂아 놓은 5천 원짜리 한 장이 바닥에 툭 떨어졌다. 우리는 그 돈을 다시 이불장에 넣어 놓고 비로소 꿀잠을 잤다.

다음 날 아침, 주인 노인 내외는 우리가 약속을 깨고 이불을 덮었다고 야단을 쳤다. 집에 가려고 배낭을 메고 떠날 준비를 마친 우리는 마당에 선 채로 노인 내외에게 야단을 맞아야 했다. 한두 마디로 끝나는 게 아니었다. 계속해서 이어지는 지청구.

그때 마침 나에게 비상금이 있었다. 그까짓 거 돈 만 원 정도도 더 줘버리고 그 자리를 모면하고 싶다는 생각이 들었다. 그때 옆에 있던 과대표 N 군이 귀엣말로 나를 말렸다.

"야 조금만 참으면 끝나."

그의 말대로 아무리 야단을 쳐도 우리에게서 더는 나올 게 없다는 것을 깨달은 노인들은 그제야 우리를 보내 주었다. 대문을 나오려는 순간 나는 이대로 갈 순 없다는 생각이 들었다. 당했던 만큼 갚아 줘야만 했다. 우리가 뭘 그리 잘못했다고 그렇게 심한 잔소리를 들어야 한단 말인가. 나는 작심하고 노인 부부를 돌아보며 말했다.

"할머니, 할아버지, 다음에 또 올게요."

"뭐?"

그 순간 노부부는 심각하게 인상을 쓰고 있다가 파안대소를 했다. 자신들이 그렇게 닦아세웠는데도 꼼짝 않고 곤욕을 치른 내가 떠나면서 또 오겠다고 하니 반전도 그런 반전이 없지 않은가. 불쾌했던 감정이 일순 싹 날아가 버렸던 것이다.

내가 그런 말을 할 수 있었던 건 글을 쓰는 사람이었기 때문이다. 모든 글에는 반전이 있어야 한다는 생각은 대학교 1학년 때 글쓰기 습작을 하면서 시작되었다. 내가 대학 다니던 시절에는 과외 금지 조치가 내려진 지 얼마 되지 않았을 때였다. 그때 대학생들은 대개 입학금만 마련해서 학교에 보내 주면 그다음에는 아르바이트로 과외 교습을 하거나 학원에서 강의를 해서 돈을 벌어 대학엘 다녔다. 그런데 갑자기 과외 금지 조치가 내려지는 바람에 당시 대학생들은 거의 거지나 마찬가지였다. 부모에게 간신히 용돈을 받아 학교에 다녀야 했던 것이다.

나 역시 마찬가지였지만 나는 그나마 대학신문 만화 기

자여서 주머니 사정이 다른 친구들보다 조금은 나았다. 그러나 돈이라는 것이 벌면 더 벌고 싶은 법. 문학청년이었던 나는 대학신문 지면에 간간이 콩트도 써서 발표했다.

콩트의 생명은 반전이다. 반전이 들어가야 재미가 있고, 글이 끝나는 순간 독자들의 뒤통수를 때리며 허탈감을 맛볼 수 있게 한다. 반전을 모르는 작가는 콩트를 쓸 수가 없다. 그러다 보니 모든 일에 반전을 생각하며 사물을 관찰하게 되었다. 자동차가 달려가다 사고가 나서 펑크가 났는데 그곳이 우연히 타이어 가게 앞이었다든가, 하늘에서 꽃이 내려와서 모두 기뻐 나갔는데 알고 보니 그 꽃은 호박꽃이었다든가…. 이런 식의 엉뚱한 상상과 반전이 나의 머릿속에서 시스템으로 자리를 잡았다.

글쓰기에 있어서 반전은 굉장히 중요한 요소다.

고전적인 글쓰기인 기승전결에서도 '전'이 반전 역할을 한다. 별 무리 없이 이어가던 이야기를 일거에 뒤집기 때문이다. 반전 없는 글은 조미료 없는 음식이라 할 수 있다.

늘 반전을 생각하다 보니 엉뚱한 소리도 자주 하고 자연스럽게 유머 감각도 생기게 되었다.

진지한 사람들은 반전이 없다. 남다른 매력이 없다. 반전이 있고 엉뚱한 말을 할 때 웃음이 터지고 이런 남학생이 여학생들에게도 인기를 얻을 수 있다. 말을 재미있게 한다든가 끝까지 듣게 만든다든가 막판에 어떻게 뒤집어질지 모르는 이야기를 하면 대다수의 사람에게 호의적인 반응을 얻을 수 있다. 반전은 곧 상상력이다. 엉뚱한 것을 통해서 현재의 무언가와 연결시키는 능력은 글쓰기에 있어 필수요건이다.

코미디언 C 씨는 모든 대본을 자신이 직접 썼다고 한다. 그래서 출연료도 더 받았다고 한다. 사람 자체도 웃기지만 그는 반전을 생각할 줄 안다. 엉뚱한 이야기로 사람 웃기는 데 있어서는 달인이다. 그렇기에 지금까지도 생명력을 유지하며 동료 개그맨들이 활동하지 못했던 시기에도 그만은 남아서 활동할 수 있었던 것이다.

반전을 생각하면 글감은 자동으로 비축된다. 몸으로 웃기거나 외모로 웃기는 것은 오래 갈 수 없다. 머리로 웃겨야 하는데 머리로 웃긴다는 것은 반전을 계획한다는 뜻이다. 그 뒤로도 나는 수많은 콩트를 써 용돈벌이를 쏠쏠하게 했다. 작가가 되고 난 뒤에도 각종 사보나 관보 등에 콩트를 연재했다. 그 콩트만 묶어도 책이 몇 권 나올 테지만 한 번도 책으로 낼 생각은 하지 않았다. 콩트는 그 순간 읽고 웃음을 터뜨리는 것이어야지 모아 놓으면 재미가 없기 때문이다. 반전도 그런 것이다. 순간 탁 치는 아이디어인 것이지 반전 자체가 글이 될 수는 없다. 글이 끝날 무렵 뒤통수를 치게 만드는 것, 그것은 어디까지나 양념에 불과하다.

나는 그 노인들의 집에 다시 가진 않았다. 반전은 반전일뿐이다.

시간을
정해놓고
쓰자

"자, 오늘의 주제는 설렘. 지금이 5시 10분이니까 20분까지 10분 주겠습니다. 시작!"

강의를 듣는 학생들은 일제히 노트에 작문을 하기 시작했다. 사각사각. 50명 넘는 학생들이 집중해서 글 쓰는 소리만이 교실을 가득 채웠다. 성균관 대학교에서 어느 강의실도 이만큼 집중력을 보이는 곳은 없을 것이다. 우리 강의실이 침묵 속으로 빠져들자 옆 강의실의 강의 소리가 들려왔다. 시간을 체크하며 나는 학생들이 글 쓰는 모습을 지켜보았다. 몇몇 학생은 허공을 보거나 턱을 괸 채 무엇을 쓸까 고민했다.

10분 만에 글을 써야 하는데 5분 이상 생각할 수는 없는 노릇이다. 길어야 1~2분 생각하고 바로 펜을 들어야 한다. 고치고 수정할 여유 따위 없다. 무작정 써 내려가야 한다. 논리에 맞는지 틀렸는지 따질 여유도 없다. 미술로 치면 크로키인 셈이다. 10분 내로 마무리해야 한다. 방향을 정하고 그냥 내달려야 한다. '이 길이 아닌가 봐' 같은 생각은 사치다.

대학 시절 나는 〈성대신문〉 만화 기자로 활동했다. 만화 마감은 대개 금요일 오후에 이루어졌다. 내가 그려 간 4컷짜리 만화 만평은 툭하면 주간 교수에게 퇴짜를 맞곤 했다. 군사독재 시절에는 검열이라는 것이 있었는데, 너무 직설적이거나 의미가 모호하면 검열을 통과하기 힘들었다. 학생들의 언론을 검열하는 외부인이 대학에 들어와서 기사와 만화 만평을 하나하나 살피던 시절이었다. 직설적인 표현엔 바로 브레이크가 걸렸다. 그러면 방법이 없다.

마감은 다가오고 빨리 새 만화를 그려 내야만 집에 갈 수 있었다. 심각한 만화 따위 소용없고, 잘 그린 만화도 필요 없었다. 오로지 마감을 지키는 것만이 주효했다. 편집장인 L은 매번 이렇게 말했다.

"야, 어떻게 해서든 5시까지만 줘."

아이디어와 창의적인 그림이 5시까지 쑥 나와 주면 좋으련만 그게 그리 쉬운가. 꽉 막힌 머리는 아무리 쥐어짜도 소용이 없다. 하지만 마감 시간은 정해져 있다. 우리의 뇌는 신기하다. 쥐어짜다 보면 나온다. 길들이면 길들인 대로 움직이게 되어 있다. 어느 순간 번뜩 아이디어가 떠오르고 순식간에 그림으로 표현한다. 그리고 통과된다. 그렇게 나는 1학년, 2학년, 3학년, 4학년 졸업할 때까지 만화 만평을 그렸다.

아이디어만 잡으면 일사천리다. 주어진 시간은 중요하지 않다. 그건 만화뿐만 아니라 글쓰기도 그렇고, 일 처리에 있어서도 그렇다. 방향이 잡히면 당장 시작해야 하고 정해진 시간 안에 마무리해야 한다.

나는 그렇게 꽉 짜인 시간 안에서 무언가를 마치는 것

을 즐긴다. 초집중해서 해야 할 일을 끝내고 느긋하게 여유를 즐길 수 있기 때문이다. 하루 종일 하는 둥 마는 둥 하는 것은 내 체질에 맞지 않다. 시간 낭비다. 집중해서 글을 쓸 때 없던 순발력도 생기고 생각지도 않았던 기발한 아이디어도 툭 하고 튀어나온다.

"자 10분 다 됐습니다."

나는 종을 친다. 학생들은 아쉽다는 듯 고개를 든다. 무작위로 출석부에 있는 학생들 이름을 부른다. 이름이 불린 학생은 자기가 10분 동안 쓴 글을 읽어야 한다. 수십 명의 낯선 사람들이 듣고 있는 자리에서, 남 앞에서 자기가 쓴 글을 읽는다는 건 쉽지 않은 경험이다. 하지만 얼굴이 붉어지고 눈물이 나려 해도 울먹거리면서 결국엔 다들 읽어낸다. 다른 학생을 호명해서 몇 명 더 발표시킨다. 설렘에 대하여 학생들은 자신만의 생각을 글로 표현한다.

같은 주제로도 얼마든지 다르게 글을 쓸 수 있다는 것을 듣고 배우는 것만으로도 글쓰기는 크게 성장한다.

다른 학생들이 쓴 글을 들으면 학생들은 이를 악문다. 자기 생각이 부족했음을 깨닫기 때문이다.

"자 다시. 이번 주제는…."

나는 박스 안에서 주제들을 적어 놓은 쪽지 한 장을 꺼낸다. 개강할 때 각자 쓰고 싶은 주제를 다섯 개씩 써서 내라고 했기 때문에 그 안에는 학생들이 고민하고 있는 주제 수십 수백 개가 들어 있다. 나는 그 안에서 글감을 골라 던져 주기만 하면 된다.

"자 이번에 나온 것은 까칠함."

주어진 시간은 10분. 학생들은 다시 이 10분이라는 시간 안에 최고의 집중력을 발휘해 글을 쓴다. 집중 또한 습관이다. 아무 때나 집중해서 시작하고 끝낼 수 있다면 글을 모을 수 있다. 이렇게 고된 훈련을 해야만 글을 쓸 수 있다. 스톱워치를 옆에 두고 이런 연습을 자주 하자. 그러면 당신의 글은 살아서 펄떡거리는 물고기가 될 수 있다.

도라지 도라지 돌아버리지

한두 뿌리 캐서 어디에 쓰지

　내가 쓴 책《민요 자매와 문어 래퍼》에 나오는 한 구절
이다. 랩을 좋아하는 문호라는 아이가 민요를 하는 자매와
라이벌 의식을 가지고 랩을 만드는데 도라지 타령을 듣고
와서 패러디해 쓴 내용이다. 이 책의 실제 주인공인 송연

이 엄마는 이 대목을 읽고 배꼽을 잡았다고 한다. 어떻게 민요 가사를 가지고 이렇게 재밌게 쓰느냐며 이 구절만 생각하면 웃음이 터져서 일을 할 수가 없다는 것이다.

어린이들의 유머 코드가 아직도 내 몸 안에 있기 때문이다. 동화를 쓰거나 가볍고 유쾌한 글을 쓰려면 반드시 유머 코드가 필요하다. 그런데 대개 글 쓰는 사람들을 보면 진지한 사람들뿐이다. 심각하기 짝이 없다. 늘 인상을 쓰고 있고, 뭐 한마디 말을 던지기가 무섭게 노트를 꺼내서 받아 적거나 꼬치꼬치 캐물으며 그 말의 진의를 심각하게 고민한다. 처음에는 그들 생각이 깊어서인 줄 알았다. 내가 하는 말 하나하나를 분석하고 종합해서 대안을 내리려는 건 줄 알았다. 인상 쓰고 필기하고 유심히 생각하는 사람치고 쓸 만한 의견 내놨다는 이야기를 들은 적이 없다.

한마디로 폼을 잡는 거다. 인생은 폼 잡고 살기에는 너무나 길고, 웃으면서 즐겁게 살기에는 너무나 짧다. 내가 만든 명언이다.

나는 어려서부터 밝고 명랑한 성격이었다. 그랬기에 내

가 가진 장애를 쉽게 받아들였는지도 모른다. 외적인 스트레스도 잘 이겨낸다. 안내견으로 많이 사용하는 래브라도 리트리버종은 스트레스에 강한 개라고 한다. 누가 스트레스를 줘도 그것을 삭이고 풀어내는 능력이 다른 견종에 비해서 탁월하다는 것이다. 그래서 반려견으로 인기가 많아 항상 순위의 탑에 들어가 있단다. 사람을 잘 물고 으르렁대며 욕심 사납고 경계심에 불타는 애완견들을 우리는 종종 본다. 그런 개는 누구도 좋아하지 않는다.

글도 마찬가지다. 딱딱하고 진지하고 무겁고 심각해야 좋은 글인 줄 아는 어리석은 자들이 너무나 많다. 그런 이들 때문에 사람들이 글쓰기에 쉽게 도전하지 못한다. 잘 쓴 글은 어려운 이야기를 늘어놓아야 하는 건 줄 알고 착각하기 때문이다.

아재 개그도 좋고 최신 유행어도 좋다. 유머를 기록하고 모아 놓고 챙겨 봐야 한다.

한때 나는 그러한 것들을 모아 책으로 낼 생각까지 했

다. 요즘같이 끊임없이 위기가 닥치는 시대에는 심각한 글을 읽고 진지하게 고민에 빠질 시간이 없다. 밝고 유쾌하고 용기를 주는 글을 써도 읽을까 말까다. 유머 코드를 공부하고 읽고 연구해야 한다. 연구하랬다고 또 밑줄 긋고 분석하려 해선 안 된다. 남이 말한 재밌는 유머와 개그에 마음을 활짝 열고 함께 웃을 줄 알아야 한다. 그런 마음을 훈련시키다 보면 내가 쓰는 글에 유머 코드가 자동으로 탑재된다. 한두 군데서 빵 하고 터지게 할 수가 있다.

내가 낸 책 중에 '사라진 날' 시리즈가 있다. 책이 사라졌다고 하니까 인기가 좋아서 그다음에는 학교가 사라지고, 돈이 사라지고, 꿈이 사라지고, 엄마가 사라진다는 식으로 책을 이어서 내고 있다. 현재 다섯 권까지 나왔다. 이 시리즈 내용은 황당무계하기 짝이 없다. 가장 소중한 것들이 없어져 봐야 정신을 차린다는 내용이다. 어리바리한 외계인들이 지구에 와 지구인과 겨루면서 중요한 것들을 없애는데, 아이들 반응 또한 어리바리해서 웃기는 내용이다. 외계인들은 존댓말을 쓸 줄 모른다. 자기들은 태어나 몇 달 만에 결혼해서 새끼들을 낳는다며 초등학생인 아이들에게 자꾸 빨리 결혼해서 새끼를 낳으라고 한다.

이런 유머 코드는 평상시에 관심을 가지고 익히고 체득하지 않으면 만들 수 없다. 연구하고 분석해서 나오는 것이 아니다. 책을 손에 들고 심각하게 설칠 필요 없다. 차라리 그 시간에 〈코미디 빅리그〉 같은 개그 프로를 한 개라도 더 봐라. 그들은 왜 웃기는지 왜 안 웃기는지를 연구하는 연구자들이다. 그들처럼 웃음의 출처들을 어떻게 운영할지 생각해 보자. 언어 개그도 좋고 몸 개그도 좋고 상황 개그도 좋다. 유머는 내 글을 빛나게 해 준다.

누군가를 웃길 수 있다면 그것보다 더 훌륭한 글이 어디 있겠는가. 누군가에게 행복을 선물하는 가장 좋은 방법이다.

필
반
지
말
자

글이 안 써질 때는 아무리 머리를 쥐어뜯어도 진도가 나가질 않는다. 벽에 머리를 박고 산책을 하고 아무리 자료를 뒤져도 꽉 막힌 글이 내 안에서 터져 나오지 않으면 며칠 동안 고통스러운 시간을 보내야 한다. 그러면 조금 써보다가 지워 없애기도 하고 구겨버리기도 한다. 이유는 간단하다. 아직 내 안에서 영글지 않았기 때문이다. 아웃풋은 그렇게 쉽게 나오는 것이 아니다. 우리가 밥은 꾸준히 먹지만 변비에 시달리는 것과 비슷한 이치다. 때가 되고 꽉 차야 쏟아져 나온다.

하지만 반대로 글이 쏟아져 나올 때 물밀듯이 쏟아져 나오는 경우가 있다. 30대 초반 한참 창작열이 최고조에 달했을 때 나는 하루 종일 작업실에 틀어박혀 글을 쓸 때가 많았다. 장편소설《원균 그리고 원균》을 쓸 때였는데 매일 이백 자 원고지 4~50장씩 쓰는 것이 목표였다. 그런데 어찌 된 일인지 그날은 필(Feel)을 받았는지 글이 술술 잘 써지는 거였다. 아침부터 점심까지 미친 듯이 쓰고 점심을 먹고 저녁이 돼 집에 올 때까지 자판을 불이 나도록 두드려 댔다. 그렇게 소설의 한 챕터를 하루 만에 다 써버렸다. 200자 원고 분량으로 약 120매였다. 어마어마한 생산력이었다. 원고료를 장당 만 원으로 친다면 하루에 120만 원을 번 셈이나 마찬가지다. 대단한 가성비고 엄청난 효율이었다. 이런 식으로 쓴다면 장편소설 한 권도 열흘이면 쓸 수 있을 것 같았다. 뜨겁게 필 받은 거다.

하지만 문제는 그다음 날이었다. 자세도 바꾸지 않고 하루 종일 무리를 해서인지 다음 날 아침 온몸이 찌뿌드

드한 것이 도무지 침대에서 일어날 수가 없었다.

'어제 많이 썼으니까 오늘 하루 정도는 쉬어도 돼.'

그날 하루 나는 집에서 뒹굴거리며 작업실에 나가지 않았다. 그다음 날 아침이 돼도 몸은 개운해지지 않았다. 찌뿌드드했다. 하지만 일을 하지 않을 수 없었다. 작업실에 가서 자세를 잡고 앉았는데 머리가 꽉 막혀 있었다. 요전 날 너무 달린 것이다. 몇 줄 끄적이다 말았다. 그다음 날도 상태는 비슷했다. 한번 흥분해서 120매를 내처 달린 뒤 사나흘은 몇 줄 변변히 못 썼다. 나눠보니 하루에 30장도 쓰지 못한 셈이 돼 버리고 말았다. 평소에 50장은 쓸 수 있었는데 어쩌다 120장을 내처 써대는 바람에 며칠을 손해 본 것이다.

그때 나는 절제의 의미를 깨달았다. 후끈 달아올라 글이 잘 써질 때도 어느 정도 쓰면 멈출 줄 알아야 한다. 끓어오르는 내 안의 활화산 뚜껑을 잘 닫아 놓아야 한다. 뜨거운 상태로 잘 놔뒀다가 다음 날 뚜껑을 열어 보면 좀 더 성숙한 글들이 쏟아져 나온다. 한 마디로 절제와 자제력으로 오래도록 묵혔던 생각을 글로 풀어내는 능력이 있어야 한다. 누에는 절대 한꺼번에 실을 뽑지 않는다. 꾸준히 길고 가늘게 오랫동안 끈질기게 뽑아내는 것이 진짜 좋은 기술이다. 일도 마찬가지다.

컨디션을 유지하며 안정된 정서로 일정량의 글을 써내는 습관을 들이는 것은 매우 중요하다.

대개 글을 쓰는 사람들은 이런 조절을 잘하지 못한다. 그런데 나는 이과 체질이어서 그런지 완급조절이 그다지 어렵지 않다.

나는 글을 쓰게 되면 먼저 계획부터 한다. 마감 시간은 언제로 잡을 것이며 내가 가용할 수 있는 시간은 얼마나 되는지 우선 계산한다. 언제까지 구상하고 언제 초고를 잡을 것이며 언제까지 글을 쓸 것인가를 미리 계획해 두는 것이다. 그리고 계획해 놓은 분량 이상을 쓸 필요도 없다. 흥분을 가라앉히며 계속 눌러 놓아야 한다. 연인을 만나 사랑을 할 때도 불같이 달아올랐다 금세 얼음처럼 식어버리는 사람이 있다. 하지만 은근히 달아오르고 자주 조금씩 만나 익숙해지는 연인이 결국 결혼까지 이어진다.

문과, 이과의 글쓰기 차이가 이것이 아닌가 싶다. 이과 체질인 나는 계산을 잘하고 글쓰기 계획도 잘 짠다. 문과 친구들을 보면 미리 계획하는 습관이 없어 한 달이라는 집필 기간이 주어지면 25일간은 고민만 하고 딴짓을 한다. 하룻밤이면 쓸 수 있다는 것이다. 하지만 마감일이 닥쳐도 정작 써지지 않는다. 필 받기란 쉽지 않고 글 쓰는 열정, 영감님은 오지 않기 때문이다. 결국 마감일을 넘기게 되고 마감 독촉 전화를 받으면 전화기를 꺼 놓거나 잠적해 버린다. 이래서는 작가가 될 수 없다.

계획을 짰으면 일정을 분배하는 습관이 필요하다. 매일 조금씩 쓰는 것의 힘은 놀랍다. 중단 없는 전진이 필요하다. 요즘도 나는 매일 쪼개서 글을 쓴다. 그러기에 여러 권의 책을 낼 수 있고 동시에 쓸 수 있는 것이다. 많이 쓰는 것은 당연하다. 하고 있던 일이 지칠 만하면 다른 작업을 하기 때문이다.

우리가 사는 매일매일은 버라이어티하다. 하나를 붙잡고 늘어지기보다는 여러 가지를 조금씩 좋아하는 것, 필

을 한꺼번에 받지 말고 나눠서 받는 것, 이것이 전업 작가
이고 다작 작가인 나의 글쓰기 습관이다.

글쓰기에는 전가(傳家)의 보도(寶刀)가 있다. 오래된 수사학 법칙인데 기승전결과 발단·전개·위기·절정·대단원이 바로 그것이다. 사람들과 말을 할 때, 이야기를 나눌 때, 강연을 하거나 글을 쓸 때, 이 법칙은 가장 기본적인 원칙이 된다. 그리고 사람들은 이런 이야기 전개에 가장 깊게 공명한다.

친구들에게 무슨 이야기를 하든, 어떤 소재의 이야기를

하든, 이 원칙을 염두에 두고 말하는 습관을 들여야 한다. 예를 들면 미팅에 나갔다 온 이야기를 친구가 물어보는데 다음과 같이 말했다고 상상해 보라.

"미팅 나가서 예쁜 여자 만났어."

"그래가지고?"

"재미있게 데이트 하다 왔어."

아무런 재미가 없다. 이야기를 기승전결로 바꿔 보자.

기: 미팅에 나갔는데 말이야.

승: 여자애들 중에 마음에 드는 애가 한 명도 없지 뭐야.

전: 그래서 일어나서 나가려고 하는데 뒤늦게 뛰어 들어온 여자가 맘에 든 거야.

결: 나는 다시 주저앉았어. 그리고….

이쯤 되면 이 이야기의 결말이 궁금해진다. 다시 기승전결로 이야기를 늘려간다.

기: 결국에 그 여자가 나를 지목하더라고.

승: 우리는 먼저 밖으로 나왔지.

전: 그런데 주머니에 데이트 비용이 하나도 없는 거야.

결: 여학생이 돈을 다 내는 바람에 다음엔 내가 신세를 갚겠다고 하고 또 만나기로 했어.

기승전결에 의해 만들어낸 이야기 구조다. 듣고 있으면 재미가 있다. 그 이유는 잘 이어지던 내용에 반전이 이루어지는 '전'의 단계가 있기 때문이다.

발단·전개·위기·절정·대단원도 마찬가지다.

"아, 어저께 알바하러 갔는데 아우, 정말 힘들었어. 돈은 좀 받았지만 말이야."

이렇게 이야기하면 재미가 없다.

발단: 친구가 소개해 줘서 알바를 갔어.

전개: 가 보니까 날라야 할 박스가 엄청나게 많은 거야.

위기: 야, 이거 다 나르다가는 나 오늘 죽겠구나. 오늘 알바 안한다고 하고 도망가야 하나, 어떻게 해야 하나 고민하고 있었어.

절정: 그런데 옆 가게에 누가 쓰다 놔뒀는지 리어카가 있더라

고. '옳다. 이거다.' 리어카를 잠시 빌려서 짐을 잔뜩 싣고 한 두어 번 옮기니까 다 끝났어.

대단원: 나중에 일 시킨 사장이 와가지고 칭찬하면서 다음에 또 와 달래. 하하 2시간 만에 하루 일당 벌었지.

같은 이야기여도 발단·전개·위기·절정·대단원으로 말하니 읽을 만한 이야기가 된다.

이야기를 하거나 글을 쓸 때는 항상 전개와 위기와 반전을 생각해야 한다.

그게 어려워서 못 쓰겠다고 생각할 수도 있다. 하지만 일부러 만들어야 할 필요는 없다. 우리의 삶에는 항상 반전이 있고, 항상 위기와 갈등이 있기 때문이다. 사람들이 살아가는 것을 자세히 관찰해 보면 항상 위기가 오고 항상 갈등과 반전이 있다.

노점 상인에게 올 위기는 무엇일까? 그것은 단속반이 뜨는 거다. 등산가에게 올 위기는 무엇일까? 그것은 등반

사고다. 자동차 운전자에겐 교통사고, 공무원에겐 비리 연루, 권력자에겐 갑질…. 이런 식으로 모든 사람, 모든 유형에는 그 직업이나 하는 일마다 늘 위기와 위험 요소가 있기 마련이다. 그걸 잘 관찰해 찾아내기만 하면 된다.

그러기 위해서는 관찰력을 가지고 인간의 삶을 파악한 뒤 재밌는 이야기 구조로 만들어내는 훈련이 필요하다. 서툴러도 자꾸 하다 보면 재미난 이야기를 만들어 낼 수 있다.

맞춤법

규정은 백신이다

내가 아는 모 출판사 O 주간님이 이웃에 산다. 정확히 말하자면 같은 아파트에 사는 주민이다. 그의 무남독녀 외딸 역시 우리나라 정상급 출판사에 다니고 있다. 대를 이어 출판업에 종사하고 있는 셈이다. 어떻게 딸을 출판계로 이끌었냐고 물으니 그는 이렇게 대답했다.

"편집자의 기본은 교정 교열이죠. 맞춤법과 함께."

정석에 가까운 대답이었다.

"맞춤법을 어떻게 가르치셨어요?"

"사전 맨 뒤에 있는 맞춤법 규정을 공부해 보라고 건네 줬죠."

그렇다. 간혹 글을 쓰라고 하면 자기가 맞춤법과 띄어 쓰기가 무척 약하다고 이야기하는 사람들이 있다. 그도 그럴 것이 한글 맞춤법과 띄어쓰기를 완벽하게 익히기는 결코 쉽지 않다. 작가인 나도 가끔 틀리고 헷갈린다. 이럴 때 쓰라고 있는 게 사전이고, 이럴 때 공부하라고 있는 게 맞춤법 규정이다. 의외로 맞춤법 규정이 있다는 걸 모르 는 사람이 많다. 안다 해도 마치 헌법이라도 되는 양 어렵 게 생각한다.

나라마다 가장 큰 법인 헌법이 있듯 언어에도 맞춤법 규정이 있다. 하지만 헌법과 달리 맞춤법 규정은 양도 적 고 아주 간단하다. 쉽게 검색해서 찾아볼 수 있고, 국어사 전 맨 뒷부분을 보면 나와 있다. 물론 따로 책으로 발간되 어 있기도 하다. 글 쓰는 사람이라면 한 번쯤 맞춤법 규정 을 찬찬히 정독할 필요가 있다. 다 익힐 필요까지는 없지 만 규정 원리와 원칙쯤은 알아두어야 한다. 그리고 글을 쓰면서 헷갈리거나 잘 모르는 부분이 있으면 자주 들춰봐야 한다.

작가라면 우리말과 글을 살리고 발전시키는 일에 종사할 의무가 있다. 한마디로 작가는 호밀밭이 아니라 우리말밭의 파수꾼인 셈이다. 작가는 누구나 세종대왕의 직계 신하라고 나는 이야기한다. 세종대왕께서 만들어 놓은 한글을 잘 지키고 가꾸고 다듬지 않으면 우리의 언어는 훼손되고 말 것이다. 언어가 훼손되면 곧 정신이 훼손된다. 정신의 훼손은 정체성의 훼손으로 이어지고, 결국은 내가 누구인지 알지 못하게 된다.

이미 지나친 외래어 남용으로 인해 우리말과 글은 많이 훼손되었다. 외모라는 말 대신 비주얼이라고 하고, 정신 대신 멘탈이라고 해야 있어 보인다고 생각한다. 이러니 작가들이라도 나서서 우리말과 글을 지키지 않으면 안 된다. 작가가 쓴 글이 맞춤법과 띄어쓰기를 제대로 지키지 않거나 올바르게 쓰여 있지 않다면 가장 앞장서야 할 우리말 지킴이로서 부끄러운 일이라 하지 않을 수 없다. 맞춤법 규정을 간간이 한 번씩 들여다봐 주는 건 나를 갈고

닭는 교육효과도 있다.

물론 요즘은 컴퓨터에서 알아서 맞춤법을 올바르게 잡아 준다. 기계적으로 잡아 주는 것이다. 하지만 손으로 글을 쓸 경우에도 맞춤법 규정과 띄어쓰기를 가급적 잘 지켜서 써야 한다.

바르게 적고 제대로 띄어 쓰는 것은 우리말을 쓰는 사람들의 의무일 뿐 아니라 우리말에 대한 사랑을 표현하는 가장 좋은 방법이다.

엘리베이터를 타면 가끔 맞춤법이나 띄어쓰기가 틀린 안내문이나 경고문이 붙어 있는 걸 보게 된다.

원주시장 애인 만남
쓰레기 일절을 분리수거해 주세요.

이런 글들을 보면 허탈한 웃음이 터지기도 하고 답답하기도 하다. '원주시 장애인 만남'을 저렇게 띄어 쓰니 엉뚱한 내용이 되어 버리고 만다. 일절은 부정적인 문장에 쓰는 건데 '안주일절'이라고 잘못 쓰듯 아무 데나 막 쓴다. '쓰레기 일체를 분리수거해 주세요'라고 써야 옳은 표현이다.

사정이 이렇다 보니 띄어쓰기가 잘 되어 있는 안내문, 맞춤법에 틀림이 없는 통지문 등을 보면 왠지 그날 하루가 상쾌하고 기분이 좋다. 자신이 쓴 것이 맞는지 틀리는지 주변에 물어보거나 손에서 절대 내려놓지 않는 스마트폰으로 확인만 해도 이런 일은 벌어지지 않을 것이다.

맞춤법 규정은 어렵거나 무서운 게 아니다. 가끔 꺼내서 읽어 보는 것이 좋다. 그러면 혹시 또 모르지 않는가? 당신도 출판사에 취직하거나 작가가 될 수 있을지.

잘
지
켜
도
…

육
하
원
칙
만

　　수십 년간 남의 글에 첨삭해 주고 교정 교열을 봐 주는 일을 했다. 초기에는 그 대상자가 대학교 신입생들이었다. 국어국문학과에 들어온 학생들에게 국어 작문 시간을 통해 글이란 무엇인가를 가르쳤다. 국어국문학과에 입학한 학생들이라지만 문장 지도를 한 번도 받아 본 적 없는 학생들이었다. 그들이 매일 매일 써내는 글을 나는 집에까지 가지고 와서 빨간 펜으로 정성껏 첨삭했다.

대부분 글에 문제가 많았다. 그 문제들은 사소한 것들이었다. 대표적인 것이 육하원칙을 지키지 않는다는 것이다. 생경한 남의 생각, 어디서 들은 주장을 그대로 가져다옮겨 놓기 때문이다. 고민해 본 흔적이 전혀 없는 글들이었다. 예를 들면 이런 거다.

대학교 1학년 때는 일단 노는 거라고 한다.
나는 선배들의 말을 듣고 즐거운 기대를 가지고 대학에 왔다.
나는 신나게 놀 거다.

글쓴이는 이제 대학에 갓 입학한 신입생이다. 대학이라는 사회에 대해 잘 알지도 못하면서 이런 이야기를 한다. 그러면 나는 옆에다 빨갛게 돼지 꼬리를 그려 가며 코멘트를 써넣는다.

누가 그랬나? 왜 그랬나? 과연 그런가?

이 세 가지 질문만 써 놔도 자신의 글을 돌려받은 학생은 얼굴이 허옇게 질린다. 그런 생각을 전혀 해 보지 않았기 때문이다. 이 글을 수정해서 이렇게만 써도 괜찮을 듯하다.

고등학교 1년 선배가 대학교 1학년 때는 일단 노는 거라고 했다. 입시에 찌든 영혼은 노는 걸로만 회복이 된다는 거다.

그 선배의 말을 듣고 나는 대학에 들어가면 댄스 동아리에 들어가 젊음을 발산하겠다고 결심했다. 큰 기대에 부풀어 대학에 왔다. 나는 동아리 활동을 하면서 젊음을 마음껏 발산할 계획이다.

또 다른 학생은 이렇게 썼다.

나는 지난 재수 시절 많은 노력을 했다.
힘든 일도 많았다. 고비도 있었다.
하지만 어찌어찌 운 좋게 지금 대학에 들어왔다.

이런 글에도 바로 나의 빨간색 주석이 달린다.

어떤 노력을 했나? 왜 했나? 무엇이 힘들었나? 무슨 고비가 있었나? 어떻게 운이 좋았나?

몇 가지 질문만 해도 그 학생은 나가떨어진다. 이렇게 썼더라면 빨간 펜 세례는 받지 않았을 거다.

나는 지난 재수 시절 정신을 바짝 차리고 공부했다. 고3 때 부족한 과목이었던 수학은 기초부터 철저히 보충했고, 다른 과목도 소홀히 하지 않았으며, 점수를 올리기 위해 세심하게 신경 썼다.

5월에 어머님이 돌아가시면서 공부를 그만둬야 하나 싶었다. 하지만 어머니가 원하신 건 그게 아니라는 생각이 들어 다시 학습에 박차를 가했다. 힘들 때마다 어머니의 응원을 느낄 수 있었다. 삼수는 하지 않겠다고 결심했지만 몇몇 대학에서 아슬아슬하게 탈락하며 고배를 마셔야 했다. 더 이상 내 인생에 대학은 없는 건가 좌절하고 있을 때 지금 이 대학에서 추가합격자 명단을 발표했다. 나는 거기에서 내 이름을 발견하고 그만 울어버렸다.

또 다른 글을 보자.

시골 출신인 나는 서울에 올라오자마자 놀라운 광경에 입을 딱 벌렸다.

여기에도 여지없이 나의 빨간 펜이 피바다를 만들어 놓는다.

시골 어디인가? 언제 올라왔나? 뭘 보고 놀랐나? 왜 놀랐나? 무엇을 어디에서 보았나?

이런 식이다.

글을 쓸 때는 사물을 보더라도 육하원칙에 맞춰 봐야만 한다.

언제, 어디서, 누가, 무엇을, 어떻게, 왜를 장착하고 사물을 봐야 정확하게 묘사하고 남에게 전해 줄 수 있다. 이게 되지 않으면 독자들에게 현장에 있는 듯한 생생한 느낌을 줄 수 없다. 또한 그림을 보듯 장면을 묘사할 수 없다.

독자들은 작가와 직접적으로 소통하기 어렵다. 결국은 작가가 쓴 육하원칙에 맞춰 사물을 본다. 이것을 정치하게 맞춰 주는 작가는 훌륭한 작가가 된다. 고통스럽지만 습관이 되면 그다지 어렵지 않다.

글쓰기의 MSG, 라임

내가 라임(rhyme)에 대해 처음 알게 된 것은 부전공으로 영문학을 하면서 영시 수업을 들었을 때다. 영시 개론에서 매우 중요하게 생각하는 것이 있었는데 그게 라임이었다. 물론 다른 것도 중요한 게 많다. 성조라든가 억양, 이런 것들에 의해서 영시의 운율이 좌우되는데 가장 기억에 남는 것이 라임이었다. 라임은 비슷한 의미의 음조를 모아 놓은 것이다. 시인이기도 한 S 교수가 영시를 가르치셨는데 예를 하나 들어주었다.

입이 째지게 부르는 재즈

'째지다'와 '재즈'의 비슷한 어감이 절묘한 느낌을 준다. 한마디로 말장난이라고도 할 수 있다. 하지만 듣고 있으면 묘한 쾌감이 있다. 이 쾌감 때문에 시를 쓰고 즐기는 것이리다. 그 뒤로 나는 라임을 연구하게 되었다.

최근에는 라임이 폭발적으로 인기를 얻고 있다. 유행하는 노래나 힙합 가사가 모두 랩으로 이루어져 있기 때문이다. 그렇게 따지면 랩 역시 시에서 왔음을 알 수 있다. 라임을 잘 살린 노래 가사를 듣고 있노라면 쾌감이 스멀스멀 피어난다.

글쓰기에서도 라임을 잘 맞추는 건 굉장히 중요하다. 같은 표현이라도 라임을 잘 맞추면 인상 깊게 남으며 신선한 쾌감을 준다.

한미 FTA를 체결할 때 나에게 광고 카피 의뢰가 들어왔다. 빨리 국회에서 조약이 비준되어야 하는데 잘 되지 않으니 독려하는 글을 써 달라는 것이었다. 이런 글은 헤드 카피가 중요하다. 특히 라임을 잘 맞추는 것이 좋다. 잠시 고민하던 순간 영감이 떠올랐다. 그렇게 해서 써낸 카피가 이것이다.

비전을 비준하라!

내가 내민 문안을 본 광고주는 아주 만족해했다. 한미 FTA는 우리 미래의 비전이다. 이것을 국회에서 비준, 다시 말해 국민의 대표들이 통과시켜 줘야 한다는 의미를 넣은 것이다. 비준하지 않는 것은 비전을 막는 것이라는 의미로도 해석된다. 국회의원들을 압박하는 효과가 있다.

라임이 아니면 이러한 효과를 거둘 수가 없다. 지인인 R 교수는 언어의 달인이다. 말장난의 대가라 할 수 있다. 그가 만든 재미있는 라임이 많다.

소통이 없으면 고통이 따른다.

모범생이 되기보단 모험생이 돼라.

작가인 내가 봐도 무릎을 칠 만한 멋진 라임이다.

내가 만든 라임도 있다.

세계 최고의 대학은 들이대

최고의 고등학교는 아니면 말고

최고의 중학교는 열공중

최고의 초등학교는 인동초

일종의 중의적인 성격도 가지고 있다. 언어의 복잡한 유희라 할 수 있다. 비슷한 말을 모으고 갖다 붙일 수 있는 능력을 자꾸 키우다 보면 언어 능력이 향상된다. 랩 가사를 많이 들어보는 것도 좋다. 영어나 중국어, 외국어까지 혼용해서 쓰는 라임이 요즘은 유행이다. 다국적 시대다. 글로벌 시대에 맞는 현상이라 할 수 있다.

최근에 한 지자체장이 임기 2년 동안 무사히 잘 지내

구민에게 감사하다고 쓴 감사장을 봐 달라고 했다. '지난 2년 진한 인연'이라고 카피를 뽑아 주었다.

2년이 지났지만 인연은 더 짙어졌습니다.

이렇게 라임은 우리에게 기쁨을 준다.

라임을 쉽게 뽑는 노하우도 있다. 같은 글자로 끝나는 것들이 주로 라임을 이루기 때문에 사전에 있는 우리말 가운데 마지막 글자를 눈여겨보면 좋다. 라임에 관한 노래 중 가장 대표적인 동요로는 이런 동요가 있다.

리리 리자로 끝나는 말은
개나리 보따리 댑싸리 소쿠리 유리 항아리

리리 리자로 끝나는 말은
꾀꼬리 목소리 개나리 울타리 오리 한 마리

이 동요를 보면 '리'로 끝나는 말을 나열했다. 표준국어

대사전을 인터넷으로 접속한 뒤 검색 창에 와일드카드(*)
표시를 한 다음 원하는 단어를 입력해 보라. 다시 말해 '*
리'를 치면 우리말 가운데 '리'로 끝나는 말은 다 나온다.
그 가운데 비슷한 말들을 찾아 멋지게 라임을 만들면 된
다. 단어를 찾았으면 앞뒤에 적당한 스토리를 붙이는 것
은 개개인의 능력이다.

라임을 붙이는 습관을 통해 나의 글이 좀 더 업그레이
드된다는 것을 잊지 말자.

종이로
출력하라

종이책의 장점은 수없이 많다. 전기가 없어도 읽을 수 있고 한 번에 원하는 페이지로 순간 이동할 수도 있다. 이것은 그 어떤 전자기기도 해낼 수 없는 능력이다. 한마디로 종이책은 글이 어딘가에 쓰인 상태로 읽게 만드는 것인데 이게 바로 프린트의 위력이다. 프린터 한 대 없이 작가가 된다는 건 사실 쉽지 않은 일이다.

나도 원고를 쓰기만 하면 프린터로 뽑아서 본다. 프린

터로 뽑아 출력물로 봐야 앞과 뒤를 수시로 넘나들며 원고를 수정할 수 있기 때문이다. 1페이지에서 200페이지로 순식간에 옮겨 갈 수도 있다. 모니터상에서도 가능하다고는 하지만 아직은 불편하다.

그리고 그 자리에서 빨간 펜으로 교정하거나 북북 긋거나 옮겨 붙이거나 뜯어낼 수도 있다. 이런 작업은 종이로 출력해야만 가능하다. 원고를 써 놓고 앞뒤가 안 맞는 것 같으면 나는 출력부터 한다. 출력한 종이를 펴 놓고 읽으면 무엇이 문제인지 한눈에 들어온다.

어떤 사람은 내가 종이책에 더 익숙해서 그렇다고 하는데 그런 것만은 아닌 것 같다. 종이로 출력된 출력물을 보면 인간의 원초적 본능이 작용하기 때문이다. 손가락을 사용해 원하는 페이지로 찾아가고 옮겨가고 하는 것은 인간의 두뇌를 자극하는 행위기도 하다.

아무리 모니터상에서 쓴 글이 완벽해 보이는 것 같아도 출력해서 보는 습관을 길러야 한다.

출력해서 보면 안 보이던 것이 보인다. 그게 아니라면 왜 출판사들이 모두 다 최고 성능의 레이저 출력기를 가지고 있겠는가?

《줌을 알려줌》이라는 책을 낼 때 일이다. 네 명이 공동으로 쓴 책이었기 때문에 원고를 모아 정리할 때도 각자 맡은 파트를 가지고 와서 합쳤다. 원고를 출력하여 네 명이 함께 교정 교열을 보는데 맥아더스쿨 J 교장은 집에 프린터가 없다고 해서 다른 분이 출력해 온 인쇄물을 보면서 교정을 보았다.

페이퍼리스는 IT의 화두였다. 사무실에 종이를 없애고 종이가 없는 대신 쾌적한 사무실을 만들자는 것이다. 출력하지 않고 모니터 화면상에서 모든 서류를 대신 처리하자는 말이다. 틀린 말은 아니다. 그렇게 되면 참으로 좋을 것이다. 하지만 우리가 하는 일은 책의 형태를 띠게 마련이다. 언젠간 종이로 출력할 수밖에 없다.

글을 모으고 싶으면 언제든 출력해서 볼 수 있는 성능 좋은 프린터를 하나쯤은 가지고 있어야 한다. 그리고 출력물은 항상 모아 놓아야 한다. 가끔은 이 출력물 덕분에

컴퓨터가 망가져도 내 글이 보관되는 경우도 있으니 말이다. 출력이야말로 내가 일한 정신노동에 대한 육체노동의 증거라 할 수 있다. 그리고 작은 출판 행위이기도 하다.

인지적 오류를

합리적 희망으로

중고등학교 때 일이다. 내 바로 밑에 두 살 터울 동생은 사춘기를 겪으면서 부모님 말씀을 잘 듣지 않았다. 몰래 담배도 피우고, 밤에 늦게 들어오고, 나쁜 친구들과 사귀며 몰려다니는 게 분명했다. 눈빛이 초점을 잃어갔고 반항기가 역력했으나 아버지가 워낙 무서운 군인이다 보니 대놓고 반항하지 못할 뿐이었다.

한번은 내 방에서 동생과 다툼이 있었다. 그때만 해도

욱하는 성질이 있었던 나는 말 안 듣고 집안의 평화를 해치는 동생을 어떻게든 제지하고 싶었다. 내가 화가 났음을 보여주기 위해 옆에 있는 전기스토브를 번쩍 들어 동생에게 집어 던지려 했다. 그런데 반전이 있었다. 옛날 전기스토브는 작은 포트에 물을 담아 끓여서 가습기 역할도 했다. 그 포트에 담겨 있던 물이 내 머리 위로 쏟아졌던 것이다. 다행히 가열하던 중이 아니어서 팔팔 끓는 뜨거운 물은 아니었다. 순간 웃기는 상황이 전개되고 말았다. 동생들은 이 장면을 보고 깔깔대며 웃었다. 나는 그냥 말없이 전기스토브를 제자리에 내려놓을 수밖에 없었다.

돌이켜보면 나는 장남으로서 동생들에게 리더 역할을 해야 한다는 강박감이 있었던 모양이다. 아마도 군인인 아버지의 영향이 크지 않았을까 싶다. 모든 걸 주도하고 이끌어야 리더라고 생각하는 아버지의 영향이 청소년기 나의 생각을 사로잡고 있었던 것이다. 하지만 같은 나이 또래의 동생들이 내 말을 호락호락 들을 리 만무했다. 매번 부딪히고 좌절하기 일쑤였다. 지금은 그런 경험이 나를 부드러운 리더십으로 이끌어 주어 오히려 고맙게 여기고 있다.

그날 나는 내 리더십이 무너진 것을 속상해하며 종이에다 뭔가를 마구 끄적였다. 나의 억울함을 글로 썼던 것이다. 그때 신기한 경험을 했다. 자초지종을 글로 쓰기 시작하자 내가 왜 화가 났는지 동생이 무엇을 잘못했는지가 한눈에 정리되었다. 그렇게 글을 쓰기 시작하고 마무리할 무렵 나는 동생의 행동이 그저 웃어넘길 수도 있는 일이었다는 생각이 들었다. 집안에서 동생이 잘못했다 한들 얼마나 큰 잘못을 했겠는가. '동생은 형의 말을 무조건 들어야 한다'라는 인지적 오류를 나는 범했던 것이다.

동생은 형의 말을 들어야 한다.
우리 집안은 아버지의 리더십 아래 똘똘 뭉쳐야 평화롭다.
나는 장남으로서 동생들을 장악해야 한다.

이런 인지적 오류들로 가득 차 스토브를 들어 집어던지려 했던 것이다. 나의 생각을 글로 옮겨 쓰자 인지적 오류가 합리적 신념으로 바뀌어야 한다는 걸 깨달았다.

동생이 내 말을 들었으면 좋겠다.

우리 집안은 아버지의 리더십 아래 똘똘 뭉치면 시끄럽지 않을 것이다.

나는 장남으로서 동생들을 장악하면 좋겠지만 굳이 그래야 할 의무는 없다.

그렇게 쓰고 보니 동생에게 화내기 전에 이렇게 글로 써서 먼저 생각을 정리했었더라면 하는 아쉬움이 남았다.

현대인은 분노조절장애가 있다고 한다. 분노조절을 하지 못해서 화를 내고 엉뚱한 곳에서 폭발하곤 한다. 낙타의 등뼈를 부러뜨리는 것은 산더미 같이 쌓은 짐이 아니라 그 위에 얹힌 낙엽 한 장이라는 말이 있다. 멋진 표현이다. 내가 짊어진 산더미 같은 짐을 덜어내는 가장 좋은 방법은 바로 글을 쓰는 것이다. 치밀어 오르는 울화나 분노는 대개 인지부조화에 의한 것이다.

슬프거나 우울하거나 괴로울 때는 글을 쓰면 된다. 글로 옮겨 적다 보면 그런 부조화를 합리적 신념이나 희망으로 바꿀 수 있다.

나는 타인과의 관계에서 문제가 발생하면 그 일을 글로 적어 본다. 그러면 합리적 신념으로 바뀌는 동시에 묘한 쾌감이 든다. 절대 잊지 않겠다는 각오도 하게 된다. 그리고 증거를 남겼다는 통쾌함도 생긴다. 글로 보복한 것 같을 때도 있다.

물론 절대 잊지 못할 일은 없다. 과거 10년, 20년 전 메모를 보니 이런 일이 있었나 싶은 것들도 많기 때문이다. 하지만 메모를 했기 때문에 남는다.

화는 글로 풀어야 한다. 감정이 출렁일 때마다 글을 쓰자. 글로 쓰다 보면 감정이 정리되는 장점이 있고, 먼 훗날 이것들이 나의 글쓰기 자산이 될 수 있다. 끊임없이 메모하고 메모하고 또 메모하자.

도널드 트럼프의 비리를 고발한 보좌관 존 볼턴이 1년 만에 500페이지가 넘는 회고록을 쓸 수 있었던 건 그가 메모광이었기 때문이다. 메모를 하면 차분해질 수 있고 나중에는 책을 써서 돈도 벌 수 있다.

출렁이는 감정을 메모로 남기면 자산이 된다. 오류에서 합리로 나아가는 길이다.

고맙습니다.

. . .

이 책을 내는 데는 많은 사람의 도움이 있었습니다.

그들의 이름은 이 책 본문에 영문 이니셜로 표시되어 있습니다.

자신들은 누군지 알 것입니다.

감사합니다.

덕분에 제가 작가 생활을 이어 나갑니다.

또한 애플북스 식구들 고맙습니다.

이범상 대표님, 이경원 전무님, 고연경 편집자님...

특별히 이 책의 첫 아이디어를 제안해 준 박월 씨에게 심심한 고
마움을 표합니다.

나의 하루가 글이 된다면

초판 1쇄 발행 2021년 4월 5일
초판 2쇄 발행 2022년 9월 20일

지은이 고정욱
펴낸이 이범상
펴낸곳 (주)비전비엔피 · 애플북스

기획 편집 이경원 차재호 김승희 김연희 고연경 박성아 최유진 김태은 박승연
디자인 최원영 한우리
마케팅 이성호 이병준
전자책 김성화 김희정
관리 이다정

주소 우) 04034 서울특별시 마포구 잔다리로7길 12 (서교동)
전화 02) 338-2411 | **팩스** 02) 338-2413
홈페이지 www.visionbp.co.kr
인스타그램 www.instagram.com/visionbnp
포스트 post.naver.com/visioncorea
이메일 visioncorea@naver.com
원고투고 editor@visionbp.co.kr

등록번호 제313-2007-000012호

ISBN 979-11-90147-63-7 43190

도서에 대한 소식과 콘텐츠를
받아보고 싶으신가요?